午後のコーヒー、夕暮れの町中華

安澤千尋

書肆侃侃房

はじめに

はじめてひとりで喫茶店へ行ったのは、小学生のころだった。

焼きたてのホットサンドを食べながら、仕事を終えた母がやってくるのを待つ。いま思えば、あれがわたしにとって喫茶店の原風景だった。ひとりで店に来るわたしを、エプロン姿の女性がカウンターからにこやかに迎えてくれたのを覚えている。

大人になり、ふたたび下町で生活しはじめた頃から、わたしの街歩きは始まった。

長く続いている店のノスタルジックな雰囲気や、味わい深いメニューに惹かれたのはもちろんだけれど、なによりそこで働く人の姿には、ひととなりが滲んでいたのが新鮮に映った。

ちょうどその頃、今後どんなふうに働きたいのかと模索していたわたしは、なぜ個人店の人たちはあんなに輝いて見えるのだろうと考え始めた。自分の生きにくさをとかすヒントが眠っている気がしたのだ。

そうして店へ通うようになると、日々試行錯誤しながらも、自分自身に嘘をつかず、ほんとうに大切にしたいことを守り、お客さんに対して誠実である姿になんども遭遇した。つねに他人の目線を意識しながら、社会の枠組みになんとか当てはめなくてはいけないと思い込んでいた自分と、真逆の存在だった。

長く愛される店は、そうやって街のあちこちに灯りをともしている。

せわしなく変化し続ける時代で、あっという間になくしてしまいがちなことを大切に守っているからこそ、いつ訪れても穏やかな気持ちになれるのだ。

ここに収めたのはそんな居場所の記憶だ。

いつだってわたしを助けてくれたのは、街にある小さな店だった。

東京の街のそれぞれに、居場所や逃げられる場所、いつもの自分を省みる場所を持っておく。そこへたどり着けさえすれば、またわたしは生きる力を取り戻すのだ。

午後のコーヒー、夕暮れの町中華　もくじ

上野

墨田・江東

装画
swtiih green

装丁
アルビレオ

浅草

揚げたてのチキンバスケット ——銀座ブラジル 浅草店

「当たり前のことを当たり前にやれば、おいしくなる」

そう話すのは「銀座ブラジル 浅草店」3代目のマスターである、梶純一さん。

子どもの頃から新仲見世を通るたび、ビルの2階にある銀座ブラジルのことが気になっていた。味のあるショーケースに飾られたチキンバスケットが美味しそうで、その喫茶店へ羨望の目を向けていた。

だいぶ大人になったある日、ぱらりとめくった雑誌でそのメニューに再会し、「今なら行ける！」とようやく憧れの扉を開いた。そこには、時間が経ったからこそ出せる、こっくりと深い飴色の世界が広がっていた。

20年ほど前から始めたという、コーヒー付きのランチセットを注文し、しばらく店を眺める。窓際から商店街を見下ろすと、観光客が連なって買い物する姿もあれば、地元の人が犬を散歩する姿や、いそいそとせわしなく人垣を避ける姿も見受けられ、いつまで見ていても飽きない。

「ごめんね、混んじゃって。おまたせ！」

と、ちゃきちゃきのお母さんが持ってきたランチセットを見て驚いた。

こんがりと焼いた、きのこ型のトースト。揚げたてのチキンカツと太めのポテト。花びらのようなにんじんピクルス。添えられたレモンまで切り方が美しい。

喫茶店のランチというと、おなかがすいたサラリーマンが満足できるボリュームがあれば、味は二の次ということも多い。毎日通える手頃な価格設定で、コーヒーまで飲めればそれでじゅうぶんだろう。外食産業が非日常の美味しさを競う中、喫茶店の食べものは「ふつうの味」そのままを維持してきたからこそ、それが際立って個性だと捉えられる傾向がある。昔の味のままは、誰だってほっとする懐かしい味なのだ。

けれども、銀座ブラジルは違う。

昔の味のままを守っているのは同じだけれど、いわゆる喫茶店のランチとは思えないほどのクオリティなのだ。うまくカテゴライズするのが難しいけれど、強いて言えばレストランや洋食屋のような、専門店の味わい。ひとつひとつのメニューに、語り尽くせないほどのこだわりがあるという。観光客でごった返す浅草で、土日はオーダーから1時間ほど待つこともあるほど人気なのに、決して手を抜こうとはしない。

手づくりにこだわる理由は、

「味が変わらないよう、同じものを同じように出せるように」

というマスターの信念だ。

作り置きはしない。

あったかいものは、あったかく、冷たいものは冷たく。

どんなに忙しくても、オーダーを受けてからパンを切り、肉を揚げる。その丁寧なひとてまのおかげで、いつ食べに行っても出来立ての格別な美味しさが味わえるのだ。

「高校生の頃から店を手伝っていたから、製法はぜんぶ頭に入っている」

純一さんにメニューのひみつを聞くと、想像の上をゆく細やかなこだわりがあった。

もともとは銀座で開業した「銀座ブラジル」。

その本店には、工場が併設されていて、パンも製造していたという。そこで働いていた従業員の方に、今でもパン作りをお願いしているそうだ。高齢で後継者がいないから、今後どうなるか……と気がかりなひとことが。ちなみにトースト用とサンドイッチ用でパンの種類が異なり、それぞれに合ったパンを選んでいるとのこと。

「チキンバスケットに使っている鶏肉は、どの部位だと思う？」

と言い、にやりと笑って
「実は胸肉なんだよ」

と教えてくれた。柔らかくてジューシーで、それでいて脂っこくない。レモンと塩で食べると、天にも昇る心地がする。付け合わせのピクルスだって、もちろん手づくり。

チキンバスケットと並んで人気の看板メニュー、カツサンドにもひみつが隠されていた。カツサンドに使う豚肉は、鶏肉を仕入れる精肉店とは別の店から、それぞれ状態のいいものを仕入れる。キャベツは一枚一枚はずして、芯を取ってから千切りにし、食感を楽しめるように。便利なスライサーだってあるのに、すべて手作業だというから驚きを隠せない。仕上げにもこだわりが光る。サンドイッチは、端のどちらから食べても美味しく感じられるように、脂の部分を互い違いに並べてサンドしている。

コーヒー豆の仕入れ先は、昔働いていた人がやっている店から、銀座ブラジル独自の製法で作ってもらっている。ぽってりと厚みのあるコーヒーカップは、オーダーが入るまで温めておいて、飲み終わるまで冷えないよう工夫している。

メニューのことばかり書いてしまったけれど、銀座ブラジルのよさはそれだけではない。

「いらっしゃい、何名？」

カウンターから大きな声で迎えてくれるのは、純一さんのお母様の冨美子さん。80歳を越えたとは思えないほどいつも元気にお客さんを迎え入れる。

てきぱきと動きつつ細やかな気配りを忘れない。丁寧だけど、その人自身が見えてこないマニュアル通りの接客よりも、わたしはその人となりが見えるスタイルのほうがよっぽど心地がいい。

「うちのメニューはどれを食べても美味しいのよ」

従業員全員が自信を持って言える店が、今いくつあるだろうか。

「昔の喫茶店では手づくりが当たり前だったから」と聞いたけれど、平日でも観光客でごった返す浅草の街で、昔と同じように美味しさを保ち続けるのは並大抵のことではない。

長い間、自分たちが本当にいいと思える、お客さまに愛される店を守り抜いているからこそ、いつも銀座ブラジルの凛とした佇まいに、強く惹かれる自分がいる。

※「銀座ブラジル 浅草店」店名のひみつ

1948年に銀座で創業。浅草は2号店だったため、現在も「銀座ブラジル 浅草店」と称している。現存する浅草店は1963年に創業し、親子3代で通う人もいるほど今も街の人に愛され続けている。

淡いピンクの白玉クリームあんみつ――梅園

子どもの頃、「あんみつ姫」が好きだった。

立派なお城にすむお姫さまなのに、やんちゃでどんな場所へも飛びこむ好奇心いっぱいの姿に憧れていた。それはたぶん、大人しいと言われていたわたしの秘めた反抗心だったのかもしれない。

なぜそんなことを思い出したかといえば、浅草「梅園《うめぞの》」の白玉クリームあんみつが、あんみつ姫のように可愛らしかったから。

浅草で有名な甘味処のひとつである梅園は、安政元（１８５４）年創業の老舗だ。雷門から仲見世通りを浅草寺方面に進む。白地に梅のモチーフが書かれた暖簾が目印だ。奥の席に座ると、浅草生まれの画家、山下清の作品が飾られていた。

サインペンでバラとダリアのような花が描かれている。いっさいの迷いがない線には、彼のもつ細やかな観察眼と大胆さ、己が描くものへの信頼が見えた。

梅園の会計は前払いで、ピンク色の食券が手渡される。山吹色のテーブルに置くと、まるで桜の花びらのようである。

ささっと、白玉クリームあんみつが届いた。

よもぎ色に梅園マークの入った深鉢。ピンクとホワイトの白玉はややわやわな食感がありつつ、もちっとしたかみごたえがある。淡い桃色の求肥は、まるで赤ちゃんのお布団のよう。なめらかな質感が感じられ、思わず包まれたいほどの愛おしさ。あんこはぎっしりと密度の高い味で、しっかりと歯ごたえのある寒天がどっさり。赤えんどう豆は大粒で塩味がきいている。

それにしても、白玉が紅白になるだけでこんなにかわいいなんて。目の覚めるようなコクのある黒蜜をたらりとまわしかけると、ふと思い出が蘇ってきた。

あわぜんざいが有名な梅園には、祖母と一緒に訪ねたかすかな記憶がある。子どもの頃、あんこが苦手だったわたしは、当時なにを食べたか全く覚えていない。

ひさしぶりに訪れた梅園には、おばあちゃんと孫が向かい合い、わらび餅を食べる姿があり、いつしか自分と祖母を重ねていた。

祖母はお洒落が好きで、出かけるときはいつもつばの広い帽子にシフォンでできた大ぶりのコサージュをつけていた。

亡くなった祖母と浅草を歩いた記憶はあいまいだけれど、それでも同じ店が今でも在り続け、気が向けば足を運べることに感謝してもしきれない。

美肌になれる餃子 ——餃子の王さま

夜の街に煌々と黄色い灯りが輝く。

それは「餃子の王さま」の看板だった。

子どもの頃のかかりつけ歯医者のそばにあったため、あの黄色い看板を見ると、治療を覚悟する恐怖スイッチになっていたのだ。


めずらしく夜の浅草を散歩していたときに、店の前を通り過ぎた。

「そういえば、ここで食べたことないよね」

夫に提案し、今夜の夕ごはんはここに決めた。

1階にはカウンター席が並ぶ。厨房の中ではせっせと餃子を包んでいる店の人の姿が見える。急な階段を上ると、2階はテーブル席がぎゅうっと縦に並んでいた。

飾り気のない店内を眺めていると、来るもの拒まずといったメッセージが感じられるようだった。

ショーケースに入った食品サンプルの隣にさりげなく、こう書かれていた。

「餃子を召上がりますとお肌が美しくなります」

餃子が体にいいなんて聞いたことがないけれど、それはもしかしたら「餃子にビール」のイメージが強いからかもしれない。

餃子は4種類あった。

まずは店の名がつけられた王さまの餃子から。青みがかったグレーの丸皿に、ちんまりと6つの餃子がきれいに整列している。その品のよさに見惚れる。香ばしい焦げ目をつけた皮の内側には、細かく刻まれた野菜がたっぷり。たしかに体にいいかもしれない。そう思いたい。すでに片手にはコーラを持っているけれども。

今宵は、宴だ。

ニラレバ、ラーメンと半チャーハンのセット。それから追加した肉餃子も届いた。

肉餃子は豚肉がぎゅっと詰まっていて、力強い食べごたえ。ニラレバ、それからラーメンとチャーハンも懐かしい味わいだ。

ほかにも湯餃子とスープ餃子が気になったものの、次回へ持ち越し。

店を見渡すと、なんだか台湾の古い食堂を思い出した。簡素だけれど、どこかあったかいムードがちいさな店に充満している。

店員のマダムへ声をかけた。

「写真撮っていいですか？」

「えっ？　今日は化粧してないのよ、早くに来てくれればねぇ」

笑いながら去って行った。返事も絶妙なずらしがきいている。

そんな冗談を言ったかと思えば、別のテーブルにいた酔っ払いたちを見送るときは、急な階段から転げ落ちないよう、何度も声をかけて見守る。

1階のカウンターでは、いまもせっせと餃子を包む姿が見える。

もくもくと餃子と向き合うカウンターもきっとよいだろうし、上階のがやがやした雰囲気も捨てがたい。

昭和初期の地図とコーヒーを ―― 珈琲ハトヤ

「先代の頃から貼ってあるから、どこで手に入れたかはわからないんですよ」

店の壁には、昭和14（1939）年の浅草の地図が飾られていた。

子どもの頃から目の前をなんども通っていた喫茶店へ、ようやく足を踏み入れた。

この辺りは銀座ブラジルも珈琲アロマもローヤル珈琲店もある、サテン天国。

小さな間口だけれど、思ったより大きく感じられるのは、入口の電飾看板が赤に白地で輝いているからだろう。ガラスの自動ドアには、二羽のハトが向き合ったハート型のロゴが描かれている。八角形の光る立て看板には「珈琲ハトヤ ホットドック」とある。

ガラスのショーケースには赤い三角屋根がついていて、まるでドールハウスのようだ。

あれこれ気になって目がいそがしい。

興奮を抑えて店に入ると、ペールグリーンの壁がなんとも優しい印象。細い小窓には白いレースのカーテンがかけられていて、柔らかな雰囲気を醸し出している。

壁に貼られていた手描きの古い地図に目を向ける。

ピンクでマーキングされているのが、この店だ。

戦前の浅草には劇場や映画館がたくさんあったと耳にしていたものの、その凄さが想像できなかった。地図に書かれた名称をひとつひとつ見てゆくと、あちこちに映画館がある。その多さから街の活気が目に浮かんできた。

ああ、できることならタイムスリップしたい。どんな街並みだったのかを肌で感じたい。VRで昭和の浅草を体験できたらいいのに。

珈琲ハトヤの名物は、シンプルなホットケーキだそうだが、今日はホットコーヒーで。さっと供されたカップアンドソーサーに、またもや心がおどる。ちょこんとプリントされた、ロゴの愛らしさ。コーヒーは酸味も少なく、すっきりと飲みやすい味わい。

次はぜったいにホットケーキを食べよう。

あつあつのホットサンド ——ローヤル珈琲店

朝の喫茶店には、常連のお客さんが思い思いの時間を過ごしに来る。

そんな場所が浅草にはたくさんある。

「あそこの通りに新しいカフェがオープンしたんだよ」

どこからかそんな話し声が聞こえてきた。店は街の最新情報が交換される場なのだ。

近年、喫茶店でも禁煙のお店がじわじわと増えてきて、たばこを吸わない者としてはありがたいと思う反面、喫茶店の常連さんに愛煙家は多いだろう。

わたしが珈琲で気持ちを落ち着けるように、愛煙家のひとたちは煙草を燻らせる時間で自分を整えているのだとすると、どこもかしこも禁煙というのも悩ましいところ。

「喫茶店が好きとは言うけど、タバコのにおいは大丈夫なの？」と聞かれるたびに、それとこれとは別問題だと伝えることにしている。

それにしても、浅草の喫茶店へ行くと、女性の喫煙率の高さに驚くのと同時に、この街っぽいなと思う。健康のためを考えたら、もちろん吸わない方がいいに決まってるけれど、「アタシが好きでやってるんだからいいじゃない」という風にうかがえるスタンス（他人への迷惑を顧みず、という意味ではない）が好き。

いつだって、自分のことは自分で決めるのだ。

そうやって生きてきたであろう人の姿に気づかされることは、実はたくさんある。

昭和37（1962）年創業の「ローヤル珈琲店」は、東京メトロ銀座線・浅草駅から新仲見世のアーケードをどんどんと進み、途中の角を曲がった先にある。ガラスの向こう側は、自家焙煎機がちらり。外から店内はあまり見えないけれど、それがまた想像をかき立てられて好きなポイント。

歴史あるホテルのエントランスにありそうな、重厚感のあるシャンデリア。壁には浅草らしい、三社祭の大きな絵が飾られている。威勢のいいお祭り好きの浅草の人たちが担ぎ棒の上に立っている。本当は担ぎ棒の上に登るのは罰あたりらしいのだが、作品の中だとインパクトがあって臨場感を誘う。

ここの名物メニューは、あつあつのホットサンド。

アスパラとコンビーフ、そしてチーズが入ったホットサンド。添えられたポテトチップスがうれしい。それひとつで主役となるコンビーフの塩気が、温かいアスパラの甘みをひきたてる。

そういえばアパレルの店長をしていたころ、月末には休日返上で、翌月のシフト作りに追われ、息抜きにここでホットサンドを食べながら手をうごかしたこともあった。休みでも心が休まる日がないほど働いていたけれど、できたてのホットサンドを手に取る瞬間だけは、嫌なことを忘れ、その温もりに心がほどけていた。

久し振りに訪れたところ、建物は建てかえ中であった。

リニューアルしたローヤルを心待ちにしている。

バーでナポリタンを――神谷バー

昼ごはんを食べそこねた17時。夜の予定の前に、おなかを満たしておきたい。見慣れた景色をあらためて見返すと、燦然と輝く「神谷《かみや》バー」があった。駅からほど近く、住所は「浅草一丁目一番一号」だ。

明治13（1880）年創業、現在のクラシカルなビルの竣工は大正10（1921）年。東京大空襲でも奇跡的に残ったビルは、2011年には登録有形文化財に登録された。

学生の頃、毎日のように近くを通るたび、夜の神谷バーの艶っぽさには何度も目をうばわれた。

お酒の弱いわたしは、アルコール度数30度のデンキブランはとうてい飲めそうにない。けれど、じつは神谷バーはノンアルコールでも楽しめると知れたのは、ひとりで勇気を出して扉を開いたからである。

平日の17時とは思えないほど大盛況。

観光客から商談帰りのサラリーマン、キャップにジャンパーをひっかけたのんべえなおじいちゃん。広いはずの店内は人で溢れかえっていた。

前会計で注文し、混み合ったカウンター席のひとつに居場所を見つけて待つ。

あたりを見渡せば、知らない人同士が熱くお酒を交わし合っている姿が見えた。

袖振り合うも多生の縁。

だれも気どらない浅草の、こういう場面を愛している。

「お待たせしました」と運ばれてきたのは、ナポリタンとオレンジジュース。これじゃまるでお子さまランチのようだな、と心の中でつっこみながら、もぐもぐと食す。

ベーコンたっぷり。甘めのトマトソースは、果肉が感じられるタイプのナポリタンで、昔懐かしい喫茶店のそれと近しい味わい。楕円の深皿もどこか食堂っぽさが感じられる。

メニューを改めて見ると、どれもリーズナブルな価格設定だ。

のんびりお散歩してたら、ランチタイムを過ぎてしまったという時にも、きっといい。

そばの記憶 ──手打ちそば 十和田

思い出というのは、急に頭に浮かんであっという間に心をわしづかみにしてしまう。それが、今はもういない人の記憶ならなおさらだ。たとえいつも通る道にある店だって、ただ横切るだけではスイッチが入らなかったのに、店に入った途端、胸がぎゅうっとなることがある。

わたしにとって、「十和田《とわだ》」はそんな店だ。

「お蕎麦を食べに行こうか」

父がそう言い、茨城から来た祖父母を連れて、家族で休日の昼に繰り出したことを覚えている。

子どもの頃は、今ほど土日の浅草は混雑していなかった気がするものの、それでも有名な店ともなると、いつも行列ができていた。待っている間に祖母に遊んでもらったり、父と祖父が世間話をしているのをぼんやり聞いていたり。
なにか印象的な出来事があったわけではなく、この場所で同じ時間を過ごしたという、ただそれだけのこと。あのときは「ごはん食べ終わったら、なにを買ってもらおう」としか考えていなかった。

2階の座席へ案内され、みんなで蕎麦を食べた。
誰が何を食べたとか、どんな話をしたかは残念ながら全く覚えていない。
けれど、一緒にいられた時間は後々かけがえのない思い出になる。
たとえ記憶がどんなに朧げでも、温もりは残るのだ。

もうこの世にはいない、いつも甘やかしてくれた祖父母を思い出すと、箸でつかんだ蕎麦がするりと落ちた。

雷門のそばで、天丼を ―― 三定

天ぷらというと「高級な料亭の食べもの」といったイメージがわくけれど、そもそも江戸時代には屋台で食べられるファーストフードのひとつだったという。

それを聞いてから、「なんだ、かしこまらなくていいのか！」と胸をなでおろした。あの徳川家康が無類の天ぷら好きだったと聞き、急に親近感を覚えた。こういうのを教えてくれたら学生の頃からきっと歴史にも興味が持てたのにと思いつつ、今さら先生のせいにしても仕方がないので、自分の興味のあるテーマから歴史を学ぶ。その時代の人たちの生活を知るたびに、だいぶ遅く芽生えた知識欲を満たしている。

今日は、浅草で天丼を食べるのだ。

江戸時代に創業した、雷門の並びにある江戸前天ぷらの「三定《さんさだ》」。

なんと天保8（1837）年創業とのこと。

「江戸前」とは、江戸近海で獲れた魚のこと、もしくは、「江戸独自の」という2種類の意味合いがあるという。江戸前と聞くたびになんとなくすっきりしない理由はこんなところにあった。江戸近海は東京湾のあたりと定義づけられたのは、わりあい最近のことだそう。（参考：江戸前って⁉／NPO法人日本伝統文化振興機構）

東京メトロ銀座線・浅草駅の雷門方面に向かう階段を出て、すぐ右手に見えてくる。入口にはガラスケースがあり、天ぷらのテイクアウトもできる。実家にいた頃、母がたまに買ってくれたのが懐かしい。

よく見ると「たまご焼き やきたて」と書かれた手書きのポップがあり、「HOT」と赤字でしるされている。それがなんだかかわいい。

公式サイトによれば、浅草で揚げまんじゅうを売り始めたのは、三定が始まりなんだとか。ああ、揚げまんじゅう食べたい……。

「創業天保八年」と書かれた暖簾をくぐり、引き戸をがらりと開ける。

少し小ぶりなテーブルと椅子が、昔ながらの雰囲気を彷彿とさせる。おばあちゃんの店員さんが和気あいあいと働く姿を見ると、ふつふつと元気が湧いてくる。

メニューには、「アベック定食（お2人前）」なるものが。久しぶりに聞いたワードだ。天丼（並）は手ごろだけれど、じゅうぶんなボリューム。

お茶碗のような重たいふたをぱかっと開ければ、こうばしい香りに食欲が倍増する。甘じょっぱいたれもしつこすぎず、ちょうどいい。肉厚の茄子の天ぷらにかぶりつけば、溢れ出る旨味にしばし我を忘れる。

最後まで美味しくいただけるよう、ごはんは少なめでお願いすることにしている。油ものはすぐにおなかがふくれてしまうから、いつしかちょうどよい満たされ具合になるよう調整するようになった自分に「大人になったなぁ」と感心する。

でも本音を言えば、そのまま天むすも揚げまんじゅうも食べられるくらいの胃袋がほしい。

はたして、そんな日は来るのだろうか。

元・居酒屋のサーモンフライ
――洋食ぱいち

「浅草、撮ってるの？」

　カウンター越しにシェフから声をかけられた。

「こういう雰囲気のあるお店が大好きなんです」

と言うと、笑みが返ってきた。

「下町が大好きで、ブログを書いています」と答えたらいいのかもしれない。けれどそんな人は大勢いるだろうし、伝えるほどのことでもないかと思って中途半端に濁し、あとでちょっと後悔するのだ。世間話のひとつとして、初対面の人に自然と自己開示できる人にずっと憧れている。

　浅草にある「洋食ぱいち」はビーフシチューが有名で、たびたびテレビに登場する人気の店だそう。というのも、それはあとで調べて知ったことであって、わたしは偶然見つけたのだ。

地元だからこそ見落としているものは、ほんとうに多い。いつまで経っても、どこか観光客の気持ちでいる。ぜんぶを知ってしまうのはなんだかもったいない気がするのだ。いつまでも新しい発見の余地をのこしておきたい。

藍色の暖簾に白地で染め抜かれた「洋食」の文字は、切り絵か版画で作られたような素朴さがあり、親しみやすさを感じさせる。気軽に入ってきなよと呼ばれている気がして、ふらふらと暖簾をくぐれたのだ。

店内にはカウンターとテーブル席があった。ひとりだったのでカウンターへ。

今日選んだのは、日替わり定食。看板メニューのビーフシチューが気になりつつも、揚げものに目がないわたしは、サーモンフライと生姜焼きの日替わり定食に決めた。

お昼の営業時間のラストオーダーの少し前に入店したため、今この瞬間は自分のためだけに揚げてもらっている。そう思うと、申し訳ない気持ちと贅沢な気分とが入り混じる。

厨房からじゅわーっと音が聞こえる。

その音に聞き惚れていると、あっという間に目の前に登場したのは、揚げたてのサーモンフライ。

お皿の上で油の粒子がパチパチと弾けるのが見え、気持ちが高ぶる。

黒いテーブルに置かれた白の豆皿には、赤紫の柴漬けと黄色いたくあんの彩り。それがなんとも艶っぽく、日常にはまだまだ美しいものが眠っているのだなと気づく。

あんまりおいしそうにしていたからか、厨房の方が話しかけてくれた。

「ここはね、はじめは居酒屋でスタートしたんだよ」

時代の流れとともに、今の場所へ移転して洋食屋になったのだそう。「ぱいち」という不思議な店名は、「一杯」から取っただなんて、チャーミングな由来まで教えてもらった。


ごはんを食べ終わり店を出る頃には、ラストオーダーも終わってまかないを食べ始めたおかみさんたちが気さくに話しかけてくれる。

観光地にある人気店というと、人が多くお客さんと店の人との関係が希薄になりがちで、それは仕方のないことだけれども、ぱいちの人たちは温かく、ひとりでもまた行きたいと思わせてくれる店だった。

観音裏のエビサンド ──ロッジ赤石

てきぱき、てきぱき。

ロッジ赤石で働くお母さんたちは、一瞬たりとも気を抜かない。

平日の15時過ぎ。ランチタイムが終わり、お客さんものんびりとおしゃべりに興じる時間だ。

「お先に失礼しまーす」

スタッフのひとりが帰る挨拶をしたと思えば、そう言いながらもお客さんが帰った後のグラスやお皿が目に入れば、一瞬のうちにシュッと機敏に片づける。他のスタッフはそれぞれ、手が空いた時間にやれる仕事を進めるのに余念がない。

その鮮やかなチームワークに見とれていたら、あっという間にエビサンドがテーブルに置かれた。

地元・浅草では観音裏と呼ばれるエリアにある「ロッジ赤石」。

以前は真夜中まで営業していたとのこと。この辺りでそういった喫茶店はめずらしく、接客業やサービス業で夜遅くまで働く人の拠り所にもなっていたとか。

店に入ると、レンガ造りの壁にライトグレーのソファが並んでいた。壁には古い八角時計が4つ連なって飾られ、それぞれ時間が合っているものとそうでないものがあり、まるで『不思議の国のアリス』のワンシーンのようで、じっと見ていると頭が混乱してくる。

テレビゲーム機のテーブルもあり、そこかしこにノスタルジーを感じさせるものが溢れている。店名の通り、カウンターを照らすランタンも山小屋を思わせる。どこか素朴で親しみやすい雰囲気なのがこの店の特徴だ。

カウンターの棚に並んだどんぶりだったり、赤石岳の写真の下に飾られたさまざまなティーカップコレクション、そしてちょうどわたしの席の後ろにある招き猫コレクションの存在がそう感じさせる。

長らく地元の人を支えているのがうかがえるメニューの豊富さにも驚いた。トーストだけで10種類あり、なかでも「薄切り二枚切りトースト」なんていう、お客さんの細かな要望に応えた結果のようなメニューもあった。軽食からビーフシチューにカツ丼まで、食いしんぼうのあらゆる欲望を満たしてくれる。

ここの名物はナポリタンとエビサンド。

ということで、本日はエビサンドをオーダー。

白くて丸いお皿にぎゅっと身を寄せ合うようにして現れたサンドイッチ。

台形に切り揃えられた食パンは軽くトーストされていて、さっくりとした口あたり。

ごろりと丸太を並べたようにサンドされたエビフライは、思った以上に太く、ぷりっぷりの食感だ。こぼれおちそうなほどたっぷり挟まれたキャベツは、タルタルソース風の味つけで食がすすむ。3切れで足りるかななんて思ったけれど、見た目以上のボリュームで大満足。

食べ終わって外から店を見ると、大きなガラスには「COFFEE」と弧を描くようにデザインが施されていた。それはまるで1枚のポストカードのようで、思わずカメラを構えた。

常連の集う朝 ――珈琲アロマ

小さな頃から結婚して家を離れるまでずっと、浅草に住んでいたというのに、地元のことをあまり知らない。喫茶店に興味を持ちだしたのも、浅草を離れてしばらくしてからだった。そういうわけで、浅草にある古い店を巡っていても、地元だからというよりは旅行客のような心持ちがぬぐえない。

ある初夏の早朝。スプリングコートもいらないくらいの気候になると、いつもそわそわする。遅寝遅起きが好きなのにがばっと飛び起き、義父から譲ってもらったオリンパスの一眼レフをぶらさげ、まだ観光客の少ない浅草を歩いた。目的地は、ある方に教えてもらった喫茶店。

以前、「かまわぬ」という手ぬぐい専門店のイベントで、コーヒーの焙煎家であるオオヤミノルさんの話を聞いた。浅草にある「アロマ」は「喫茶店の佇まいとして、すべてがちょうどいい」のだとか。

「浅草に住んでいたのになんでアロマに行ったことないの？　ぜひ行ってみて」

こう勧められたのだ。

すべてがちょうどいい喫茶店って、どういうことだろう？

当時、喫茶店へ通いはじめたばかりのわたしはその理由を探るべく、数日後に店を訪れた。常連さんの集まるちいさなお店は、どこか会員制スナックのような趣があり、なんとなく部外者がずかずかと入るのは、空気を乱してしまうのではないかと心もとない。

「喫茶店って入りにくくないですか？」と聞かれることがあるが、その気持ちもわからなくはない。

店内は、キッチンを囲む三角形のカウンター席のみ。どこに座ってもマスターとの距離が近く、コーヒーを淹れる姿やサンドイッチを作る姿に見入ってしまう。平日の朝9時ごろは、常連さんらしき男性が3名ほど。お客さんには落語家の方もいるらしく、ぽろりとこんな声が聞こえてきた。

「今日は稽古なんだよ」

カウンターに並べられた手書きのメニューは、商品名が淡い水彩で彩られている。

今朝は、ブレンドコーヒーとサンドイッチを。

ぽってりと厚みのあるカップが用意され、コーヒーが目の前で注がれる。

浅草の有名な「ペリカン」のトーストを使った、ひとくちサイズのオニオンスライスサンドは、大きな口を開けなくて済むよう、小さく切り揃えられている。シンプルな味わいなのに、たまねぎのさっぱりとした風味、酸味がアクセントになったピクルスとの相性のよさ。

「喫茶店で食べるべき、ちょうどいい美味しさ」

オオヤさんの仰るとおりだ。ちなみに、生フルーツジュースも人気らしい。

てきぱきとオーダーを受けつつ、マスターはさりげなくお客さん全員に声をかけてくれる。常連さんにも、わたしのような新参者にも分け隔てなく優しく接してくれる姿から、品のよさが滲み出ていた。

カウンターを見渡すと、ゆっくりとスポーツ新聞を読むおじさん、ぼそぼそとマスターと話すおじいさん、「わたし、いつもの」と明るくオーダーするおばさまが並んでいた。

それぞれの距離感は保ちつつ、朝の世間話を楽しみに来ている人たちの姿がそこにあり、なんとも温かな浅草の日常が見えた。

温もりとハヤシライス ——ヨシカミ

平日の15時半すぎ。なにが食べたいのかも考えられないくらい、お腹がすいていた。いつもそうなのだ。集中しすぎると、休むことを忘れて突っ走ってしまう。からだが底冷えし始め、ようやくエネルギー不足に気づくこともしばしば。

観光地の人気店は、昼どきになるとおそろしく混雑する。行列が苦手なわたしはいつも踵を返し、ほかの場所に向かうけれど、この時間ともなれば、きっとあの店も並んではいないだろう。

あの街角にある洋食屋へ行こう。

「うますぎて申訳ないス！」のキャッチコピーで有名な「ヨシカミ」。

いつも開店前から行列しているし、ふらっと行くにはハードルが高いと思っていた。

店の外から中の様子をうかがい知ることはできないけれど、入口に「空席あります」

「ハヤシライスまだあります」と張り紙があるのがうれしい。

「遅いお昼だったの？　おつかれさま」

カウンターへ座ると、水を持ってきた店員のおじいちゃんが優しく声をかけてくれた。ささやかな労いの言葉が嬉しい。店に入ってきたお客さんの背景はわからなくても、かんたんな言葉で心を緩める魔法を知っている。

お昼ごはん、食べそこねて遅くなってよかったなあ、と心の中でつぶやいた。

カウンターはシェフのライブ感が楽しめ、おしゃべりできる距離感が心地いい。洋食屋らしく、赤いギンガムチェックのクロスも食欲を増幅させる。

お客さんの少ない時間、カウンターにいるシェフはのんびりムード。たまたま居合わせた有名人にさりげなく声をかけ、「ホンモノだって！」とひとり客のわたしにも教えてくれた。そのひとことで、店の空気がふわりとやわらかくなった。

オーダーが入れば、年季の入った鉄フライパンを巧みに操り、いとも簡単にヤキメシを作る。その緩急の付けどころもいいのだ。

きょうは久しぶりのハヤシライス。

その真っ黒なビジュアルにあらためて驚く。玉ねぎがとろとろになるまでじっくり煮込まれている。濃いめの味つけで、どんどん白いごはんが進む。

甘党の人がプリンでできたプールに入って食べまくりたいというのをどこかで聞いたことがあるけれど、それならわたしはヨシカミのハヤシライスがいい。そうしてつやつやのデミグラスソースにいつまでもおぼれていたい。

白い陶器のプレートは、もうすっかり空っぽになっていた。

箱入りのアップルパイ ――アンヂェラス

朱色の包み紙に包まれた、アンヂェラスのアップルパイが嫌いだった。

昔の洋菓子特有の甘さがもともと苦手だったうえ、煮たりんごの、やわらかそうなイメージに反してシャリっとした歯ごたえも好きではなかった。


高校生まで音楽教室のレッスンに通っていた。

練習をさぼり続けるのになかなか辞めないわたしにしびれを切らした先生は、譜面台に立てた楽譜に赤ペンでこう書き殴った。

「来週までに辞めるか辞めないか考えてくること！　辞めないなら練習してくること！」

子どもの頃のわたしは、自分の意思をはっきり表明することに怯えていたせいで、たったひとこと、辞めたいとすら言い出せなかったのである。

その音楽教室では毎年春ごろ、近くのコンサートホールを借りて発表会が行われていた。参加賞として配られていたのが、アンジェラスのアップルパイだったのだ。

「毎年毎年アップルパイって、他のお菓子でもいいんじゃないの」

と、帰り道で悪態をついたのをいまでも覚えている。

大人になってふと、あの頃の記憶が蘇ってきて、ひとりアンジェラスへ向かった。店の前を通り過ぎる人力車のお兄さんが「手塚治虫も来た洋菓子屋なんですよ」と案内していた。

見慣れた景色のひとつとして、なんとなく目に入っていた建物をじっくりと観察すると、バタークリームのようなオフホワイトと、ダークチョコレートというか、ほぼ黒に近い色味で構成されたモダンな佇まいだった。

上階の喫茶室へ続く階段を目隠しするように作られた壁面には、まるで人魚の持つハープのような、はたまた小鳥のようにも見える白いモチーフが連なって構成されている。階段の裏手のちいさなスペースは屋根裏部屋のような、それでいてどこか神聖な空気が漂う。

そこでは、黒いタートルネックを着たひとりの女性がケーキを食べ終えたところだった。

背もたれに装飾をほどこした木製の椅子に腰掛け、ひときれのアップルパイにフォークを入れる。

甘く煮詰めたりんごと、それを薄く包みこむパイ生地を、ひとくちずつ口へ運ぶ。

なんとまあ、素朴な優しい味わいではないか。

それはまるで過去の自分への赦しをこうような、少しだけ後ろめたくも穏やかで甘やかな時間だった。なんも罪のないアンヂェラスのアップルパイを、音楽教室の苦い思い出と重ねて嫌いだと決めつけていたことにようやく気づいたのだ。


レッスンを辞める一年前の発表会で、ステージ上でとんでもないミスを犯した。もう、人前で演奏なんてしたくない。ようやく次の発表会で辞める決意を固めた。

最後に選んだ課題曲は、当時流行っていたPUFFYの「これが私の生きる道」。

ステージで弾いている間、ほとんどはじめて、ひとりで奏でる楽しさを感じた。

すべての生徒の演奏が終わった。

もうこれで先生に会えるのは最後だ。

そう実感すると、途端にさみしさがこみ上げてきた。涙が止まらなくなりそうで、ステージのそばで生徒と談笑する先生を目で追いながら、挨拶もせず会場を後にした。わたしは先生の演奏する姿が好きだったのだ。

大学へ進学し、クラスにもゼミにも馴染めず、いつもバンドサークルの部室が居場所だった。みんなでより良い演奏をするためなら、あのころと違ってひとりの練習はいつも楽しかった。

いつかまた先生に会える機会があれば、こう伝えたい。

あの頃レッスンに通っていたから譜面が読め、鍵盤が弾けたおかげで居心地のよい場所を見つけられたということを。

今ではアンヂェラスのことも、アップルパイのことも大好きだ。

（閉店）

上野

夢うつつの空間で、クリームソーダ ——丘

地下に続くダンスホール。

1段1段降りていくたびに胸が高鳴る。

過去へ遡っていくかのような錯覚を覚えながら、入口へ向かう。

ここはアメ横でもおなじみの御徒町駅の近く。あたりのビルを見渡しても、ここだけが異世界。地下へといざなうシャンデリアと妖艶なステンドグラスがまぶしい。

「レトロな喫茶店っておばあちゃんがお喋りしてて、なんか自分だけがタイムスリップしたみたいな気持ちになるんですよね」と、たまたま美容院で隣になったお客さんが話していた。それを聞いていたら、別の世界に潜りたくなって、久しぶりに来たのだ。

東京オリンピックが開催された、昭和39（1964）年創業の「丘」。カーブを描く天井とシャンデリアに、色とりどりのステンドグラスと見ごたえ抜群。繁華街の喫茶店は華やかさを競い合う。鶯谷にある「東京キネマ倶楽部」のような、ダンスホールのようにも思える豪華絢爛な空間に見惚れる。

ＢＧＭはどこかの国のラジオがちいさく流れている。

ふと、ゆっきゅんのクリスマスコンサートで聴いた「愛の讃歌」のカバーの凄まじさを思い出し、スポティファイで美輪明宏が歌った1977年のライブ音源を聴いた。シャンソン特有の、魂が震えるドラマティックな歌詞。その燃えさかる激情が胸に迫ってくる。あなたの愛があれば他になにもいらない。そんな風に思うことはこの先もうないかもしれない。けれど、歌はその心情をまるごと感じさせてくれるのだ。

からだ中のちからが歌声に打ちのめされるように抜けてゆく。それをしかと受け止めてくれるワインレッドのソファ。ここなら長時間座っていても疲れないだろう。

いまでは貴重なタバコが吸える場所。営業まわりの休憩中らしきサラリーマンは3本目のタバコに火を付ける。おそらく近所で働いている金髪の女性もタバコをふかす。

喫茶店にひとりで来ている人を見つけると胸をなでおろす。

それはきっと、ひとりの時間が必要なのはみんな同じなのだと実感できるからかもしれない。

天気がよくても地下に籠りたい日だってある。

そんな日はここに来ればいいのだ。


注文したクリームソーダは、想像以上のたっぷりサイズだった。ワインレッドのソファを背景にゆらめく緑色の泡。ふくふくと泡が立ち上って消える様子をしばらく眺める。もう現実の世界に戻ってこられないかもしれない。それなら、それでもいい。そんなふうに思えるほど夢うつつの空間。

珈琲を飲み干しても、令和の今へチューニングするのがむずかしい。

でも、ここなら大丈夫。地下から地上へ続く階段までも、美しいステンドグラスやタイルがじっくりとこちらの世界と橋渡しをしてくれるから。

小鳥のいる喫茶店 ――とみー

角にある喫茶店が好きだ。

街と一体化しているように感じるし、なにより自然光で店が明るく見えて開放的な気分になれる。

たとえば、タマゴサンドが名物である谷中の「カヤバ珈琲」、ホットケーキがおいしい小田原の「ケルン」もそうだ。

外から丸見えなのは、ちょっと落ち着かないと思いつつ、窓際の席はどの店でも特等席である。聞くところによればインスタグラマーは、人気のカフェで窓際のテーブルを死守するそうだ。それだけ、自然光は映るものをより美しく見せてくれるということだ。

そうはいっても、窓際に座れなくとも店を俯瞰で見られる席もまた一興。

入口あたりの席に座れば、見えてくるのはカウンターでせっせとランチを作るマスター、そして遠くに見えるのは窓際のテーブル。ちょうちんのように吊るされたペンダントライトはテントのような円錐型がどこかなつかしい。

額に飾られているのは、歌川国芳による「其まま地口猫飼好五十三疋」。猫をモチーフにした浮世絵が刷られた手ぬぐいだ。地口というのはだじゃれのことを指すそうで、タイトルは「東海道五十三次」のもじり。地名と猫のひとことが微妙にリンクしているのがおかしい。

そだつか↓ひらつか、なまず↓ぬまづ、おきた↓よしだ、となんだか無理やりなところも多いのに、目で追うたび笑いをこらえる。必死にだじゃれを考えた国芳を想像すると、なんだか歴史上の人物が急に身近に感じられる。

そうこうしているうちに、和柄のロングスカートのようなエプロンを翻し、マダムがカフェオレを持ってきてくれた。

白と山吹色のバイカラーのティーカップにベージュ色のカフェオレが映える。

ふと、どこからともなく小鳥のさえずりが聞こえてきた。

はじめは外から聞こえてくるのだろうと思ったものの、大通りに面していて車通りも多い場所ゆえ、そうではないとすぐ思い直した。

店内のBGMにしてはさえずりがずいぶんリアルに聴こえる。「いったいどこに?」と思いつつも、席を立ってうろうろ探すわけにもいかない。

帰り際に聞いてみた。

「小鳥飼ってるんですか?」

「そうなんです。『いらっしゃいませ』も、わたしたちの真似をしていつの間にか覚えたみたい。午前中は鳥かごから出してるから、また遊びにいらして」

小鳥のさえずりがBGMになる喫茶店、ありそうでなかなか出会えない。

その、澄んだ高らかな歌声を想像だけで、じゅうぶんに癒されそうな予感がしている。

(閉店)

うつくしい純喫茶の美術館 ―― 喫茶 古城

一見すると、外観はふつうのオフィスビル。

けれどエントランスを見れば、この地下に別世界が広がっていることは明らかである。白い馬に乗った騎士と、その家来が模られたステンドグラス。壁にはノルウェージャンローズのような淡いピンク色の大理石が使われている。

地下へ続く階段を降り、奥行きのある店内は、四方に見逃せないものが散りばめられていた。

バーのようなキッチンカウンターを右手に見ながら進むと、まるで応接室のような空間が左手に見えてくる。なんと壁にはツタンカーメンが鎮座しているではないか。

ドキドキしながらさらに歩を進めると、お屋敷の回廊が描かれたステンドグラスに目を奪われる。ほの明るい地下でまばゆいばかりに光を放つ存在だ。

塩沢槙『東京ノスタルジック喫茶店』によれば、創業者がヨーロッパの古い城をモチーフに喫茶店のイメージをつくったという。目が慣れてくるとますます細部まで豪勢なインテリアだということに気づき、興奮が止まらなくなる。壁や仕切りに使われた巨大な石の数々。

よく見たら、床はきらきらと色とりどりの石が輝いている。

あまりに興奮したわたしにお店の方が教えてくれた。

「この床、テレビでも取り上げられたのよ」

こんな豪華なインテリアは今後生まれてこないだろう。喫茶店、国の指定文化遺産に指定されてほしい。貴重な文化を残してほしい。

左端は、2人掛けのテーブル席が奥のステンドグラスの方向に一列に並び、他のお客さんと視線が合わない配慮がなされている。向かい合って座るのが苦手な人も、はじめて顔を合わせる人どうしでも落ち着けるだろう。

気分が晴れない日。どこか遠出をしたくてもできないとき。たったひとりでぼんやりしたいとき。街の喧騒から離れたいときは、迷わずここへ来よう。

昭和歌謡の流れる純喫茶でモーニングを

——COFFEE SHOP ギャラン

「スーダラ節」に「悪女」、「すみれSeptember LOVE」、そして「セロリ」。朝から歌い出したくなるBGMである。演歌から歌謡曲まで、ジャンルレスに時代を横断する選曲もここちよく、聴いているとなんだかカラオケに行きたくなる。

昭和初期の名曲から平成まで、ヒットソングはその当時の時代を鮮やかに反映している。

上野駅前にある喫茶店「ギャラン」の創業は、昭和52（1977）年。

店名の由来は、以前のオーナーが三菱自動車のギャランを好んでいたことに起因する。フランス語で「華麗な」を意味するネーミングを掲げるのにふさわしい、ゴージャスな空間。

創業当時のままの佇まいをのこし、広々とした空間には王冠のようなシャンデリアが輝く。窓ガラスにはハンドペインティングで描かれた金文字のロゴデザイン、床は花をモチーフにしたフロアシート。1階のエントランスには、昼夜問わず照明が輝くノスタルジックな看板が目印になっている。丸みを帯びたポップなフォントはどこか懐かしくて愛おしい。

2階にある店内は全面ガラス張りで自然光が差し込むため、入口からの想像よりも開けた印象だ。もともとは2階の自動ドアの前に噴水があったそう。上野の街を行き交う人たちを見ながら読書するのに向いている空間だ。

厚さ3センチはありそうなピザトーストは、たっぷりチーズがたまらない。カリカリに焼かれたパンの耳も香ばしく、内側のしっとりもちもちした食感とのバランスがいい。今回はコーヒーとセットのモーニングで注文したけれど、実はピザトースト単品で注文すると、なんと厚さ5センチと、さらにぶあついピザトーストになるそう。

遅く起きた週末の朝だったけれど、まだまだ人は少ない。

窓から見えるのは上野駅を発車し、御徒町へ向かう電車。おじいちゃんがスポーツ新聞を片手にオムライスを食べ、モーニングを食べながら談笑するカップル。

上野の素顔が見える、週末のモーニングタイム。

チーコン、ひとつ ――コーヒー長谷川

暦の上では春の頃、猛烈な春風がふく日曜の朝のこと。

1階が駐車場、2階がガラス張りの喫茶店の建物が見えてきたのは、新御徒町駅の近くだった。

外側から見えていた部分は中2階のようになっていて、店内の中心部から奥は段差が高くなっており、2階建てのように作られている。奥のテーブルに座っても外の景色が見えて気持ちがいい。

カウンターには常連さんがいて、マスターと世間話をしている。一番奥の椅子は帳簿のような資料が積み重なっていて、そのまわりにはジャズのCD、ブルージャイアントの単行本などが置かれている。

「チーコンひとつ」

と、オーダーを通す符牒が聞こえる。チーズコンビーフトーストが、なんだかポケモンのキャラクターのような名前に様変わりしていた。

注文したメニューを待つ間、静かな店内に流れるのはAMラジオだけ。

父の運転する車に乗るときはかならずAMラジオが流れていたからか、どこか昔のレコードのような、まろやかな、それでいて少しくぐもった音に心が落ち着く。

今日流れていたのは、三宅裕司のラジオ。「今日婚約しました」「金婚式を迎えました」など、幅広い世代からのメッセージが流れ、そのたびに「おめでとう！」と心のなかで拍手をおくる。視聴者との生電話コーナーも、たわいない話をあっという間におもしろく運んでいくパーソナリティーとアナウンサーの手腕に、わっと驚いたり笑いをこらえたり。小学生が繰り出すようなネタがツボにハマってしまい、ゲラゲラ笑いそうになるのをこらえて正面を見れば、夫はぜんぜん聴いていなかった。

食パンの焼ける香りがただよう。

「お待たせしました」

チーズコンビーフトーストは、5センチくらいの厚みはありそうな食パンが食べやすいよう、ななめに4等分されていた。丸いプレートの上にずらして並べられていて、まるで風を受けて回る風車のようだった。

トーストの表面にはバターが染み込むよう、しっかり切れ込みが入っている。断面が多いほどカリッとした食感が味わえるのがたのしい。ベースのソースにコンビーフとチーズがのった、ごちそうトーストだ。

ブレンドコーヒーもやさしい苦みで飲みやすい。今日は刺激を抑えて過ごしたかったから、ちょうどよかった。夫の注文したホットケーキもつまみぐいしていたら、すぐにおなかがいっぱいになった。

レジの周りのポスターに目を向けると、弾き語りのコンサートなども定期的に行っているらしい。この空間で聞けたら、どこも特等席だろう。自分の店を持つということは、そんなふうなイベントも自由にできるのかと、うっとり想像を膨らませた。

だんだんと、少しずつ目が覚めてゆく朝の過ごしかた。

こんな贅沢な時間の過ごし方は、休日ならではだ。

日本橋

映画の後はコーヒーを——ミカド珈琲 日本橋本店

日本橋へ行くと、つい足をのばす店がある。

威風堂々とした日本橋三越の向かいの角を入り、細い路地へ。左には立ち食いそばチェーンの小諸そば。右奥に見えるのが「ミカド珈琲 日本橋本店」である。

ブルーの看板に描かれた、キャメル色のぽってりとしたソフトクリーム。

ここでの名物はモカソフトなのだ。

オレンジ色のまあるい装飾テントの上に、「ＭＩＫＡＤＯ」の文字。目を引く意匠の白い螺旋階段は、まるでソフトクリームのように見えてくる。

ミカド珈琲がオープンしたのは昭和23（１９４８）年で、戦後まもなくのこと。

当時は贅沢な飲み物だったコーヒーを立ち飲みで提供することで、多くの人に魅力を届けたという。テイクアウトの専門コーヒースタンドは増えてきたけれど、レトロな喫茶店で立ち飲みカウンターがあるのはめずらしい。


ミカド珈琲の使い方は2通りある。

まずは、コレド室町にあるTOHOシネマズ日本橋で映画を観た後、ここで一服するパターン。

映画でもコンサートでも演劇でも、できれば終わった後に2時間くらい余韻に浸りたい。というか、浸ろうと思っていなくても、気づけばどっぷりあちら側の世界に入り込んでいて、どうやって帰ってきたか記憶が曖昧のまま、いつのまにか家に着いていることがある。それに、人よりも涙腺がゆるいのか、どんな作品でもだいたい泣いてしまう。エンドロールが終わってもすぐに照明をつけてほしくない。

そんなわけで、映画館と自宅の間には喫茶店が必要なのだ。

時間があってゆっくりしたいときは2階へ。

夏場なら、モカソフトがずっしりとのったコーヒーフロートがいい。香ばしい珈琲の香りをまとったまろやかなミルクのクリームがたまらない。スプーンでアイスをすくいつつ、溶けたアイスを冷たい珈琲にするすると混ぜる。甘すぎず、ほろ苦さがくせになる。

もちろん、ソフトクリーム単品でのオーダーもできる。カップにはプルーンがつくのも捨てがたいけれど、やっぱり最後のコーンをかじるところまでがソフトクリームの醍醐味だ。

メロンのついた特製モーニング ——ラフレッサ

今まで使っていた一眼レフカメラを、オリンパスからフジフィルムに変えるつもりで、丸の内のショールームへ試用のレンズを借りに行った。背景のボケ感が強く出て、誰を撮っても主役になる映りがなんとも魅力的だ。

返却する前に喫茶店で試し撮りしようと向かったのは、日本橋の裏通りにある「ラフレッサ」だった。

ひょろりとした建物の外観は、まるっと深緑の蔦に覆われていて、どこか北欧の森にでもある教会にも見えてくる。

蔦をくぐり扉を開けると、思った以上に明るい。建物の片側は通りに面しているため、自然光が差し込んでいる。縦長の店内ではテレビがついているものの、音量がだいぶ絞られているおかげで静かに過ごせる。窓にはレースカーテンが掛けられていて、その儚げな雰囲気を撮りたくなった。

モーニングプレートはワンプレートとコーヒーのセットだ。

チーズトーストにポテトサラダ、しゃきしゃきのレタスとトマトが添えられたサラダにメロンがひときれ。

朝からメロンがいただけるなんて、ありがたいかぎり。

ワンプレートの矜持が身に沁みた。

鰆のバター焼きとチキンカツ定食 ――レストラン桂

「老後どうするつもりなんだ」と言われると、「今年の見通しさえできてないのに考えられるわけないでしょ」と熱くなってしまう。

はやめに消えたいなー、それだけ。とかなんとか思っているけれど、たとえどんなに腰が曲がっていようとも、ホールに出てテキパキとお客さんをさばくマダムを見ていると、そんな弱音をカバンの底にググッと押し込んでしまいたくなる。

限られたランチタイムは猛烈な嵐のようなせわしなさで、そう広くはない店内を店員さんが駆け巡る。

4人掛けのテーブルと椅子がぎゅっとひしめき合い、誰かが通れば塞がれ、後ろには通り過ぎるのを待つ人がいる。うかうかしてたらせっかくのごはんが誰かの頭や肩に当たって落下しそうだし、気が気でないけれど、そっと見ていればそれぞれが他のお客さんにち

日本橋

いさく気を回しているのがわかる。

平日の日本橋というのはちょっと不思議で、それはランチタイムに小さな飲食店へ入ると見えてくる。

三越や高島屋、コレドなど大きな商業施設が目立っているから見落としがちだけれど、意外とサラリーマンやＯＬも多い。日常的に日本橋にいる人と、非日常を味わいに日本橋にいる人がいい感じで混在するのが、この場所のランチタイムである。

日本橋に勤めるサラリーマンは食いしん坊だ。

いや、ただ出勤時間が早いだけかもしれないけれど、11時台にそそくさとお昼に向かう人たちをよく見かける。しかもみんな足取りが軽く、どこか口もとがほころんで見えるのだ。仕事の緊張から抜け出せるお昼の時間を、どれほど心待ちにしているかがうかがえる。

「レストラン桂《かつら》」のランチタイムでは4種類くらいのお得なセットが用意されていて、おなかとふところ具合によって選べる。

前回はポタージュと豚の生姜焼き定食にしたから、今日はAランチの鰆のバター焼きとチキンカツ定食に。驚くほど早く出てきたところを見ると、限られた時間でいかにお客さんに素早く提供できるか、準備に心を砕いているのだろう。

鰆のバター焼きは、ふわりとこうばしいバターの香りと身の柔らかさ。でも、なにより特筆すべきはチキンカツだ。

ううむ、人生ナンバーワンかもしれない。肉汁をとじこめたカツの衣はかろやかに肉を包み込んでいる。添えられたデミグラスソースもたまらない。

奥のテーブルでは接待のようで、見目麗しいステーキが運ばれていた。横目で羨ましく思いつつも、いまのわたしの胃袋では全部を平らげる自信がない。もしもステーキを選ぶなら、平日ランチにしてはずいぶんと贅沢な食事になり、いくばくか罪悪感を感じるから「ご褒美」という言い訳を用意しないといけない。

ふとコップの水がなくなりそうなのにサッと気づき、シルバーのポットを片手に瞬時にサービスしてくれるマダム。常に目を光らせていなくてはできないすばやさだ。

あちらではお客さんが会計中で、空いた席をすぐさま整える別のマダム。そのチームワークとテンポの良さをいつもうっとり観察してしまう。

うーん、歳を取ったらこういうところで同じくらいの世代の女性たちと青春したい。

いかに効率よくまわせるかがきっと毎日の課題なのだ。

体が動くうちは働く。それだけ。

ランチタイムを終えた頃にはクタクタになって、みんなで世間話をしながら今日のまかないを食べるのだ。そしてうちへ帰って、また朝を迎える。

そうやって働く人たちの目には一点の曇りもない。

はやく消えてしまいたいなんて言ったら、「つべこべ言ってないで働きな！」と怒られるに違いない。


ああ、いつかあんな職場で倒れるまで働くこと。

それを今後のやりたいことリストに入れよう。

スーツ姿でパフェを――COFFEE LOTUS

サラリーマンが向き合ってパフェを食べている。

生クリームがたっぷりの懐かしいパフェを囲むのは、スーツ姿のふたり。50代くらいの男性上司と、その部下の30代前半くらいの男性だ。

お昼休みにパフェ食べながら雑談しているやりとりで、自然と仲がよさそうなのが伝わってきた。部下の方は上司にかるがるとツッコミを入れたりして、どこかお調子者の雰囲気。それをけらけらと笑っている上司。

ふたりでパフェを食べるくらいだから、そうとう気の置けない関係なのだろう。こんな風に働いてみたかった。目上の人には絶対に逆らえない、まして冗談でもふざけることができない関係性しか作れなかった頃を思い出すと、苦手だった上司とももう少し距離を縮める方法もあったのでは？　と振り返る。

日本橋

近くでお昼を済ませ、いつも頼むのはカフェラテ。牛乳が多めで懐かしい味わいだ。アイスカフェラテを頼むと、信じられないくらい大きなガムシロップの瓶が出てきて、何度見ても一瞬ひるむ。

グラスは楕円型で、側面にくぼみがデザインされているので持ちやすい。洗練されたデザインに加えて持ちやすさといった機能性を併せ持つグラスで、さりげなくオーナーのこだわりが垣間見える。隣の席の人が食べていたサンドイッチも、つけあわせのフルーツがたっぷりで美味そうだ。

「COFFEE LOTUS」は昭和41(1966)年創業とのこと。

壁の木材の色が赤茶色でいい味わい。席の間隔もゆったり、ソファもふかふかで、このあたりのオフィスで働く人が集まる理由がよくわかる。貼られたポスターや調度品の数々にもこだわりが見られる。

どこを切り取っても、絵になる美しい空間。

はじめまして、黒い天丼 ―― 天ぷら中山

ふたりの「ゴロウ」に心を奪われている。

ひとりは稲垣吾郎氏。もうひとりはドラマ「孤独のグルメ」の主人公・井之頭五郎氏。いまさらハマるのも遅いなと思いつつ、アマゾンプライムビデオで各回を毎晩のように観ては、行きたい店をグーグルマップに保存する。

最近注目している街は、人形町。

浅草に住んでいた頃は行く機会がほとんどなかった。なんとなく敷居が高そうで、きっとわたしが入れるような店は存在しないんだろうと思い込んでいた。

けれども、一度足を踏み入れたらなんとも気になる店ばかりで、意外と気軽に入れる店もたくさんある。裏通りの散歩の楽しさに気を取られ、いつまでも歩いていられる気持ちになれるのだ。人形町や水天宮、日本橋あたりは地下鉄の駅どうしが近いので、疲れたら

すぐに電車にも乗れ、自分のペースで歩ける安心感がある。

店内は、8席くらいのカウンターがあり、奥には小さな座敷もある。平日の18時に行ったところ、するりと入れた。18時半ごろにはちらほら並ぶお客さんもいたけれど、割と回転が早いイメージ。

お店は70代くらいのご夫婦と、その息子さんの3人で切り盛りしていた。暑い中、天ぷらを揚げるお母さん、お父さんが常連さんとおしゃべりしつつ、お皿を用意したりと、休むことなく動いている。

息子さんが総監督のようにお店を回している。

「いまなにやってる？　次はかきあげ2個だからね」と何度もお母さんに伝えていて、うまく回るように声をかけている。

お父さんもお母さんも優しく「はいはいー」と、その声にさらっと答える。息子さんも嫌な言い方せずに、やさしく声をかけているのがいい。家族で経営するって大変ですからね……！

ふと、お父さんがお母さんとこちらに向かって「社長の言うことは聞いとかなきゃね、ふふっ」と笑ってくれた。

瓶ビールに、海老、きす、なす、はすの天ぷらを単品で注文し、夫と奪い合いながら食べる。

そこに藍色のお椀で届いたのは、焦茶色の天丼。タレの色の濃さから「黒天丼」と呼ばれているとのこと。

この黒いタレがたまらない。相当こってりした味つけなのかと思ったものの、程よい甘じょっぱさで箸がすすむ。

真っ赤な紅しょうが天 ――福そば

食事は座って食べろ、というのは誰が決めたのだろうか。

どこでも座るだけでおしりから根が生えてダラけてしまうので、最近ではスタンディングイートしている。……立ち食いのことをちょっとかっこよく言おうとしましたが、だいぶ無理でした。江戸っ子の血が流れているからと勝手にそう思いたいが、ただの面倒くさがりだ。

最近ではキッチンドランカーのように、ごはんを作ったら台所で立ちながら食べることが増えた。いい大人になってしまったため、行儀のわるさを指摘してくれる人もいない。

江戸には寿司や天ぷら、そばの屋台があちこちにあったという。

その理由は、江戸に住むのは独身男性が多かったことや、火事防止のため、家で火を使うことを禁じられていたのが大きな要因のひとつなのだとか。ひとり分のごはんを作る方が場合によってはお金がかかるのは現代と近しいものを感じる。

令和の今も、東京のあちこちに立ち食いそば屋があるのは、江戸時代の屋台からの系譜ではないだろうか。


久しぶりに紅しょうが天が食べたい。

紅しょうがの天ぷらのような、すでに加工されているものをさらにアレンジしているようなメニューが昔から好きだ。子どもの頃、近所のパン屋で必ず買っていたのはたこ焼きパンだった。


立ち食いそば屋はスピードが命。

天ぷらをあらかじめ揚げておき、注文が入るとすぐに出せるようにカウンターにスタンバイしているのがほとんどだ。この方法のいいところはもちろん、待たずにすぐに食べられることだけれども、天ぷらが冷めると重たい油っこさが出がちなのが問題ではある。だけど、味に定評のある立ち食いそば屋の天ぷらは、どこもイヤな油っこさがない。くいしんぼうなのに胃が弱いわたしも安心して食べられる。

「福そば」の紅しょうが天は、細切りの紅しょうがに薄めの衣がベールを纏っているかのような繊細さがある。

ひとくちめは、まんまるの天ぷらにがぶりとかみつく。

それから、衣のカリカリしたところと浸した部分がちょうどいい塩梅になるよう、箸を使ってそばつゆに軽く沈める。できるだけカリカリした部分を最後まで味わうため、一気に沈ませないよう注意を払う。

揚げているからなのだろうか、紅しょうがのピリッとした辛さも酢の酸味もマイルドに感じられる。単体で食べるより、どちらかといえば天ぷらに仕上げた方が好みだ。

そばつゆは飲み干したくなるほどすっきりとした味わい。色は濃いのに、味わいは濃すぎず、すっきりとした旨味があとを引く。

ここへ毎日通うために人形町で働くのもいいかもしれない。

はじめての白玉クリームあんみつを人形町で

――甘味処　初音

あんみつと和解した。

といっても、向こうは物言わぬ甘味なので、わたしが一方的に距離を取っていただけだ。子どもの頃、母が嬉々として買ってくるあんみつセットを「ケーキの方が美味しいのに」とうらめしく眺め、味のしない寒天のなにがいいんだろうと思っていた（ごめんなさい）。

あんこが苦手だった。

次第に味覚が変わったのか、あんこ自体の甘さが時代とともに変化したのか、子どもの頃はたまたま好みの店に出会わなかったからというだけなのか。

ずっと、あんことは縁遠い人生だったのだ。

それが、いつしかあんバターどらやきから始まり、豆大福など、ほんの少しずつ距離が近づきはじめた。

なんだか今日は無性にあんみつが食べてみたい。

人形町の「初音《はつね》」へ行こう。

都営浅草線で人形町の駅に降りると、高い建物が少ないからか、圧迫感がなく落ち着く。オフホワイトや淡いラムネ色の釉薬タイル造りで、木枠の扉がどこかモダンで懐かしい佇まいの店先に、自然と足が止まる。

「初音」は天保8（1837）年に創業した老舗の甘味処。入口にはテイクアウトの売店もあり、ここであんみつの持ち帰りもできる。

食品サンプルの見せ方も洗練されていて、華やかなパフェから、ずしっと大御所の風格があるあんみつ、かろやかなみつ豆や、涼しげなかき氷が等間隔で整然と並んでいる。

店に入れば、やわらかな自然光と丸い乳白色の照明が空間をやさしく照らしている。障子の組子も、中心から放射状に広がるデザインが現代的だ。

ここの一番人気のメニューは、白玉クリームあんみつだそう。

甘味処のいいところは、温かい煎茶のサービスがあるところ。茶釜で沸かし、そのタイミングで淹れる人数分だけお湯を注ぐ心配りがうれしい。忙しいなかでもおかわりのタイミングもきちんと遠くから見てくれていて、その細やかさにほれぼれする。

ささっと登場した今日の主役。

ああ、これは美しい。

小ぶりなガラスのうつわにぎゅっと詰め込まれた、今日の舞台を飾る俳優たち。だれひとり脇役にならない群像劇を観ているかのよう。

バニラアイスにあんこ、ゆでたての白玉、さくらんぼに杏に求肥、塩気の効いた赤えんどう豆、そして黄桃の下にはましかくの寒天がたっぷり。

おそるおそる白玉を口に入れ、あまりのモチモチっぷりに驚く。形はあれど、噛めばすぐ水のようにとろける寒天の得体のしれなさは、ミステリアスがゆえに、後を追いたくなるような恋心がめばえてしまう。優しい甘さのあんこと黒みつが交わる革命的なイリュージョン。赤えんどう豆のほんのりとした塩気が後をひく。

白玉も寒天も、存在感がない食べものだと思っていた過去を懺悔します。

こんなに美味しいだなんて。

完落ちしました、初音のあんみつに。

まるで牛丼を食べるサラリーマンのように、あんみつをかきこんでサッと出ていく地元のおじさんがまぶしい。早食いは行儀が悪いとはいうけれど、時間がなくともよほど食べたかったのだろう。

あの日からあんみつのことばかり考えている。

まだ食べられていない和菓子とも、少しずつ和解できる日が来るのかな。

銀座・新橋

タイムスリップ、昭和のビヤホール

――ビヤホールライオン 銀座七丁目店

大人になってずいぶんと経つが、ようやく生ビールが飲めるようになった。

とは言っても、たった一杯で顔が真っ赤になるので、飲兵衛からしたら「それだけで『飲めるようになった』なんて言うな」と思われるかもしれない。しかし、飲めなかったものをおいしく飲めるようになった瞬間は一生忘れないだろう。

なぜって？ それは特別な場所で飲んだ生ビールだからです。

飲み会の最初の乾杯で「とりあえず生ビールの人」と誰かが点呼をとるたびに、誰にも責められたことなんて一度もないのに体が縮こまった。飲まなくてもたいていみんなが楽しそうにしていれば楽しかったし、食いしんぼうのわたしが必要なのは酒よりもおつまみだった。

そんな酒遍歴だったが、「うわぁ、このひとたち、なんて美味しそうにビールを飲むんだろう」と、はじめて羨ましくなる瞬間が訪れた。
それは、神保町シアターで観た渡邊孝義監督『新・居酒屋ゆうれい』のワンシーン。妻に先立たれた居酒屋の店主が、後妻とともに店を切り盛りする。毎日店を開ければ、コの字カウンターに並んで座るのは、近所に住む常連のおじさんたち。今で言うせんべろタイプの居酒屋だ。そこで皆が注文するのは、瓶ビールと煮込み。一日の疲れを癒そうとやってきたお客さんたちが、グラスに注いだビールを飲み干す時の表情ったら、ない。わたしが今まで飲まないと決めていた苦いビールって、あんなに美味しいものなの？

その日のうちに近所の中華屋へ行き、夫と瓶ビールをわけっこした。
「ビールなんて絶対飲まなかったのに、どうしたの?」と、ただ驚いている。
その夜、ふと家にあった本に手を伸ばしたところ、ずっと行きたかった店を見つけた。
それが「ビヤホールライオン」だったのだ。
銀座に行くたびに通っていたものの、飲めないからと素通りしていた。外観はふつうのビルのようで、まさかこんな空間が広がっているとは思いもよらなかったのだ。

外から見たビルの印象よりもはるかに広々とした空間。正面に見えるのは、輝かしいモザイクタイルで作られた壁画。その手前は生ビールを注ぐ職人さんが忙しなく動いている。天井が高く、重厚感を感じるところにどこか教会のような静謐さが醸し出されている。視界に映る壁や柱はすべてタイルで覆われていて、まるでタイルの博物館に来たかのよう。左右の壁にはモザイクタイルの壁画が飾られていて、バラの花束が描かれていた。壁に使われているのは赤いレンガのような色味で、柱には深緑のタイルが。これらは陶芸家の小森忍が手がけたという。どこかで聞いたことのある名前だと思ったら、日本橋高島屋の屋上の噴水に使われている陶器も手がけていた。話をビヤホールライオンに戻すと、壁画に使われているタイルは、思った色を作り出すのに3年もかかっているという。

左右の柱のランプはたわわに実ったぶどうの房を、そしてまんなかの丸いランプはビールの泡を表しているとのこと。乳白色の球体から溢れるやわらかなオレンジ色の灯り。壁面の鏡に映る店内を鏡越しで眺めると、すでに自分はタイムスリップしているのではないかと思ってしまう。

重厚感を感じる理由は、天井が黒っぽいからというのも大きいかもしれない。しかし、1934年の開店当時はこんな色ではなかったそうだ。戦後、この場所は進駐軍が占拠したという。そのとき、あまりの寒さに室内で焚き火をしたことで天井が煤けたのだとか。ということは、もともとはもう少し明るい雰囲気だったのかもしれない。2022年には登録有形文化財に指定されている。

日曜日の開店時間を少し過ぎた時間、すでに席は3分の2ほどお客さんで埋め尽くされていた。子ども連れの家族は父母ともどもビールジョッキを手に取り、うれしそうに笑う。ベビーカーの子どもが泣き出しても騒がしく感じないのは、音が反響しにくいからなのかもしれない。

空間にたじろぎ、何を注文するか決めるのを忘れていた。生ビールだけでもいくつも種類やサイズがある。あたりを見渡せば、ほとんどの人が大ジョッキを注文しており、目を見張る光景だ。初心者のわたしは小、夫は中ジョッキを注文する。

ほどなくしてふたつ、生ビールが届いた。

『新・居酒屋ゆうれい』で観た、目をつぶってグラスを傾ける所作を真似てみる。

口に入る瞬間の、からだ全身が受け入れ拒否を示すような苦味がまるでない。ちょっとの我慢で雰囲気だけでも味わえればいいと思っていたはずが、みずみずしい苦味がのどをうるおす。

「ここの生ビール、ふつうのと全然違う」

恍惚とした表情で夫が言ったところで、上質なものを飲んでいるのだと気づいた。

頼んでいたおつまみも次々にテーブルに並んだ。

トマトのカルパッチョは、きちんと湯むきしたトマトの薄切りに、つやつやとした黄緑色のオリーブオイルのソース。みじん切りのベーコンとパセリの鮮やかな色彩が、酒場の祝祭感を盛り上げる。

まるで鉄板ホットケーキのような形状のジャーマンポテトは、なめらかなマッシュポテトにベーコンが旨味をプラスしている。胡椒が影の立役者となり、あとをひく味わいだ。これは老若男女だれでもきっと、好きな味。少し塩気が強めなのも生ビールに合うし、おまけに表面に四角いバターがのっかっているのもたまらない。

ひとつから注文できる唐揚げもうれしい。小さなバスケットに揚げたての唐揚げとレモン、そしてパセリが入っている。とてもひとくちでは頬張れない大きさで、衣はがりっと香ばしい。悔やむべきは自分の胃袋で、もうおなかがふくれてしまった。

きびきびと給仕のスタッフが動く。お盆を支えている手を見ると、飲み終わったビールジョッキを指先に5つも器用にぶら下げている。見ているだけで指がつりそうだ。

まわりを見渡せば、隣のおじさんは慣れた手つきでスマホをいじりながら、何度も大ジョッキの生ビールをおかわりしている。80代くらいの女性もひとりでおつまみを食べている。これだけ開けた空間だとだれでも入りやすく、ひとりでいても孤独を感じにくいのかもしれない。

ひとりであることは守られていつつも、みんながいるとわかる空間の安心感。

カフェでコーヒーを飲む選択肢以外にも、まちでの居場所を見つけられたことがうれしい。

いい気持ちになったまま、本屋でも行こうかと近くのギンザシックスに立ち寄る。

あきらかにデパートにはそぐわない、真っ赤なゆでだこが鏡に映り、思わず目をそらした。

麗しき銀座モーニング ――トリコロール本店

銀座に朝8時集合。

遠くから来た友人と仕事の打ち合わせに訪れた場所は、ずっと行きたかった喫茶店。

店員さんが中から出てきて案内をはじめる。

「おはようございます、中へどうぞ！」

わたしたち以外にも、開店を待っていた人がちらほら。どうやらおなじみの常連さんのようだ。

ずっと憧れつつも、敷居が高くて入れなかった喫茶店。なんとなく大人の紳士淑女が集まる場のようで、自分には似つかわしくない気がしていた。

でも、それは単なる思い込みだった。

品の良い店員さんは、どんな人にも丁寧に接し、心地よい朝を提供してくれる。

昭和11（1936）年、銀座の一等地に創業し90年ほど。銀座の街ゆく人に愛されている。扉はなんと、手動の回転ドア。その重厚感がたまらない。店に入るだけなのに、回転ドアをくぐり抜けると平衡感覚が崩れるのか、一瞬閉じこめられたかのような気持ちになる。

開店と同時に入ったところ、お客さんはわたしたちの他に2組だった。いつも混んでいる銀座でゆったりできるのは、早起きの特権である。1階のいちばん奥の席に腰を下ろした。まるで貴族の住む洋館のようなラグジュアリー。艶の出た木材と、ベルベッドの赤い椅子の組み合わせがまぶしい。

モーニングは厚切りのトーストとサラダのワンプレートにドリンクのセット。まるでホテルの朝食のような上品なプレートだ。

カフェオレを注ぎ淹れる姿がアクロバティック！ それぞれコーヒーとミルクが入ったポットを両手で持ち上げ、カップに狙いを定めてから、ポットを高い位置まで持ち上げて注ぐ。

勢いよく注がれたカップには、ふわふわの泡がたっぷり。

コーヒーとミルクのバランスは、お好みに合わせて調整してもらえるのもうれしい。
早起きのごほうびに、またとない贅沢な時間だった。

刺身の盛り合わせ定食と世間話 ――三州屋 銀座本店

選ばなかった人生がふとした時に気にかかるのと同じで、選ばなかったメニューのことも気になる。

選ばなかった人生のことを考えるにはテーマが重いし、どうしても後ろ向きな心持ちになってしまうけれど、選ばなかったメニューについて考えることは、未来への希望を感じる。要するに、次に来た時になにを頼もうかと考える楽しみが増えるということだ。

オーダーを通す声を数えると、「銀むつ」が3回、「あじフライ」が2回、「刺身定食」が1回。あじフライを思い描きながら、揚げものもよかったなぁとゆらぐ。

あじフライと刺身のセットなんて最高じゃない？

でも、お刺身と揚げものって相性良くないんだっけ。それは天ぷらだっけ。

そういえば店に入るまでは揚げものが食べたいと思っていた。けれど時すでに遅し。

あらかじめ準備されていた刺身の盛り合わせは、オーダーして数秒でテーブルに運ばれた。

ここの刺身はまぐろの分厚さと、しっとりとした滑らかな食感、ちょうどいい脂ののりよう。


ふと、お酒の好きな友人と飲みに行った日のことが蘇ってきた。

刺身に添えられた赤紫の花は、花紫蘇（穂紫蘇）と呼ばれるもの。

茎を優しく持ち上げ、やさしい手さばきでぱらぱらっと醤油皿の上に花を散らすさまが鮮やかだった。

白ごはんと赤だしのなめこ味噌汁の相性もよし。

おなかのおさまりもちょうどよく、なにより落ち着いた空間で、すぐに美味しい定食にありつけたのがうれしい。

きらびやかな銀座も好きだ。

だけどこんな風に、昭和の佇まいそのままで、時たまおしゃべりしつつキビキビと働く女性たちを見ると、おなかのあたりが温かくなってくる。

店員のおばあちゃんが言う。

「この席、クーラーがあんまり効かなくてごめんね」

「いいえ、大丈夫ですよ」

彼女たちはよく知っている。

ほんのひとことの世間話が、お客さんの心の潤滑油になることを。

だからこそ、足繁く通うお客さんが絶えないのだ。

伝説のカップルとスパイスカレー ——樹の花

歌舞伎座のすぐ裏通りには、有名な喫茶店がずらりと並んでいる。開店前から行列のできる「喫茶 you」は、たまごがプルプルゆれるほどやわらかなオムライスが絶品だし、「喫茶アメリカン」は、驚くほど分厚いサンドイッチが人気だ。すぐそばにある、1979年創業の「樹の花」。なんでもジョン・レノンとオノ・ヨーコが訪れた店なのだそう。

裏通りの角にあるビルの2階にあり、通りからはどんな店かは見えない。

日曜日のお昼すぎ。階段を上ると、子ども連れのお母さんから常連のおじさんまで、のんびりカレーを食べていた。

買い物袋をぶら下げたお客さんでほぼ満席のなか、ほとんど並ばずに座れたのはラッキーだったのかもしれない。

偶然案内されたのが、ジョン・レノンとオノ・ヨーコが座った席で、壁には直筆サインが。もしファンの方がいたらと思うと気が気でない。熱狂的な方がいましたら、こちらの席はお譲りしますので……と心の中で唱えつつ、なんだかそわそわしてしまう。

村松友視『銀座の喫茶店ものがたり』によれば、ふたりはこの店が開業して4日目の午前中にフラリと立ち寄ったとのこと。実際に見てもいないのにその光景が目に浮かぶ。オーナーの息子さんはもともとビートルズのファンでさぞかし驚いたとか。そりゃそうだ。

そんな伝説を持つ店のBGMは、やっぱりビートルズだった。

ファンでなくとも、樹の花は内装も外の眺めも、流れる空気感にもとろけるだろう。銀座の裏通りを見下ろし、街路樹が色づく様子をじっくりと眺める。

まずはシナモントーストにうっとり。焼き加減はもちろん、くるみとシナモンとはちみつの相性も抜群。

山型トーストの厚みもたっぷり、外側はさっくさくにトーストされ、中はふんわりとした焼き加減。はちみつは別添えで好みの量を。食べやすいようにカットされている心配りもうれしい。

そしてもうひとつ。

インド出身のスタッフ直伝と謳うスパイスカレーは、なんとも優しい味のなかにスパイスの片鱗がのぞき、一発でファンになる味わい。

この日は卵のココナッツカレーを。

玉ねぎとトマトがベースで、コリアンダーがアクセントになっている。カレーには半熟の茹で卵がごろんと寝そべっている。ココナッツのくせが強くなく、全体的にまろやかな味わいだ。パクチーが苦手な夫がぺろっと食べていたので、コリアンダーが入っているといえども食べやすいのだろう。

おいしいカレーに出会えた嬉しさあまって、お皿を下げに来た店員さんに「おいしいです」と前のめりで話しかけると、満面の笑みで応えてくれた。

ジャンボちまきとビーフン ――ビーフン東

はじまりは本屋だった。

両国のＹＡＴＯへ行き、店主の佐々木さんとおしゃべりをしながら読みたい本を物色していた。不思議なもので、行く前は「そういえばあの本が気になってたから探しに行こう」と思っていたはずなのに、店に着いた途端忘れている。読みたい本はごまんとあるから、思いついた瞬間にメモしなければたいてい思い出せない。

そうしてふらふらと本と本の間を回遊していたら、ふと、檀一雄『檀流クッキング』と目があった。「料理本のフェアをしようと思って仕入れたんですよ」と聞き、フェア前に買ってしまうのが申し訳なくなりつつ、どうしても連れて帰りたくなったのだ。

その日の夜。眠る前に本を開いたのがいけなかった。

『檀流クッキング』は、自身がわずか9歳のときに家出をした母に代わって料理をし始めた檀一雄の読むレシピエッセイだ。

「具入りチマキ」という文字を見て、わたしの胸は高鳴った。

子どもの頃からちまきが好きだ。けれど、ふだんはそうそうお目にかかれない。精肉店のお惣菜でたまに見かけるくらいで、大人になってもわたしの行動範囲で遭遇することはほとんどなかった。

そうか。巡り会えないならこの手で作ってしまえばいいのだ。

そう思ったのもつかの間、「モチ米を一升なら二十くらいのチマキができるから」ということわりを読んだ途端に断念した。10合炊ける炊飯器も土鍋もない。冷静に考えれば、書かれたレシピから3合くらいの分量を算出すればいいのだけれど……。腕まくりしかけた気持ちをしずめて眠った。


翌日のこと。

朝からあいつのことが頭から離れない。予定を調整すれば、すべりこみちまきチャンスがあるかもしれない。食べたいものが決まったときの行動は素早い。

トートバッグを手にとり、あの店へ向かう。

ぜんぶ檀一雄がいけないのだ。

仔細まで懇切丁寧に書かれたレシピを読んでいたら、もう目の前にはちまきが置かれていてもおかしくないような錯覚に囚われてしまう。


新橋駅前ビルの「ビーフン東」でちまきと焼きビーフンを注文する。

想像以上の大きさの、ずっしりとしたさんかくボディが登場した。はらりと竹の皮を広げると、つやめく茶色のちまき。ごろりと入った食材のひとつひとつが、それぞれ違った音色を奏でる。大きく包み込むもち米の香ばしさがたまらない。

ひとりだとカウンターへ案内されるのがほとんど。それがこの店ではありがたく感じるのは、ほおばった瞬間、あまりにも幸せな気分になってにやにやしてしまうから。

一緒に注文したうす味のビーフンは、まずはそのまま味わい、半分くらい食べたところでにんにく醤油をたらりとまわしかける。

ああ、思い出すだけでおなかがすいてきた。

平日のサラリーマンとポンヌフバーグ

——カフェテラス ポンヌフ

新橋のサラリーマンにお礼を言いたい。

久しぶりに行ったポンヌフは変わらずそこにあって、一列に並んだスーツ姿の男性がナポリタンを頬張っていた。毎日のように通う人がいるからこそ店が続いているわけで、たまにしか来られないわたしは、そんな人たちに感謝するほかない。

新橋は飲み屋の街だと思われがちだけれど、ランチもいい店がある。

地下鉄の新橋駅直結のレトロビル「新橋駅前ビル1号館」の1階にあるのが「カフェテラス ポンヌフ」。

トリコロールの看板に描かれた「ポンヌフ」の文字は、「ヌ」のはらいが風のようにたなびいている。

ぐるりと厨房を囲むように並ぶ、カウンターとテーブル。厨房からはふわーんと甘いトマトソースが香る。オープンキッチンで鉄鍋をぶんぶん振ってスパゲティを作るシェフが見えた。

マダム3人がテキパキとお店を回す。特にひとりで来たお客さんに温かいところもうれしい。お水が足りているか、食べ終わったお客さんにコーヒーを出すタイミングを見計らったりと、テキパキと見回るマダムたち。暑い夏の昼だから、塩を入れた水で水分補給も欠かさない。とにかく元気で軽やかに動き回っている。

せっかくポンヌフへ来たのなら、名物のナポリタンとハンバーグを味わえる「ポンヌフバーグ」を。ワンプレートからこぼれる幸せ。手作りプリンにドリンクがついたセットを注文した。

ポンヌフのナポリタンは太麺で、甘いトマトソースがしっかりと絡む。あらかじめ茹でておいた麺を、注文を受けてから鉄鍋でじゅうじゅうとソースと合わせる。「そんなに炒めるんだ」と驚く。甘いトマトソースにマッシュルームがごろり。

太麺は食べごたえがあるうえ、おまけにハンバーグがどすんと鎮座している。手ごろな値段でこのボリューム。ごろごろした玉ねぎのみじん切りはきっと手づくりの証拠だ。

ポンヌフバーグにはロールパンが添えられている。

切れ目が入っていて、ナポリタンやハンバーグを挟むのもいい。炭水化物に炭水化物だということはこのさい忘れよう。

食べ終わった頃合いを見て持ってきてくれるのは、セットの手作りプリン。

小ぶりなサイズがちょうどいい。きれいにぷるんと出てくるものもあれば、空気が入ってシュワンと泡の後が見えるものもあるのは、手づくりならでは。

ひとりでカウンターに座る、20代くらいのサラリーマン。自分の注文が届いたときの嬉しそうな表情が忘れられない。向こうの席では、偶然同僚に会ったお姉さんたちが「あら！」と盛り上がっている。

もしも苦手な上司がここでポンヌフバーグを食べていたら、いくら苦手な人だとしても心を許してしまうかもしれない。このよさを感じられる人は信頼できる。

お昼の時間。仕事での役割を脱ぎ捨てて、素に戻る人の姿が垣間見える店は、いつだって大当たりなのだ。

青白磁色のうつわと銀鮭定食
――季節料理 魚竹

店を出た瞬間、思わず「うまい！」とつぶやいてしまった。

子どもの頃から焼き魚が得意ではなく、みずから進んで食べようと思ったことがほとんどない。夫と暮らすようになり、遅ればせながら自分で料理をはじめてからも、できるだけ避けていた。

通院のため、築地に通うようになって行動範囲が広がった。市場の方には行列ができるような有名店がたくさんあるけれど、そうでない場所にもこだわりの店が点在しているのだ。

炊き立てのお米をふんわりと握った「大野精米店」のおにぎりは、お昼休みになると近所で働くオフィスワーカーがずらりと並ぶ。一度食べたら最後、買わずには通り過ぎることができなくなるおにぎりが待っている。濃いめの味つけがあとをひく唐揚げや揚げしゅうまいといったおかずもひとつから買えるのが嬉しい。

風格のある看板建築が目を引く「宮川食鳥鶏卵」は新鮮な鶏肉を扱う専門店で、注文するとその場で肉を切り、竹皮に包んでくれる。ももの ぶつ切りを茹でただけでごちそうが完成するのだ。

はす向かいにあるのが「魚竹」で、昭和50(1975)年創業の魚料理専門店である。開店前にはそろりそろりと人が並び出し、ランチタイムが終わる頃まで列が途切れず続いている。もともと焼き魚が得意ではないので、そんなに期待していなかったのだけれど、せっかくだしと入った。

隣の人に声を掛け合って座る。こぢんまりとした飲食店で、お客さんみんなが気持ちよく過ごせるようにするための、ささやかな心配りは大切だ。こういう店を選ぶ人たちはそういった了見をあらかじめ持っている。お客様だから神様なのではなくて、店を大切に思うからこそ、振る舞い方をきちんとわきまえている。その、暗黙のルールみたいなものがわたしは好きだ。

ここで食べるべきは、「銀鮭定食」だという。

注文し、壁に貼られた夜のメニューを見やると、こう続いている。

「銀鮭ほぐしかけごはん」

「生のりおじや」

「自家製玉子焼き」


炭火で魚を焼く、パチパチと脂がはぜる音が食欲をそそる。

すると、サーモンピンク色のまぶしい切身が、青白磁色の平皿にのって登場した。上品な色のとりあわせにうっとりし、箸をつけようとした手が止まる。混んでいるからといって、雑に盛り付けようとは絶対にしていない。うつわというステージの上で燦然と輝く銀鮭。その姿はまるで、昭和の大スターがひとりで舞台に立ち、スポットライトを浴びながらバラードを歌っているかのようだ。

焼き魚ってこんなに美しかったっけ……。凛とした佇まいに胸の鼓動が早くなる。しばらく見つめていたいけれど、外で並んでいるお客さんにも悪いので、食べ始める。あれ、なんだか知ってる焼き魚と全然違うぞ。なんでだろう。身の部分はしっとり、つややか。焦げた皮の香ばしさもたまらない。ふだん、焼き魚を食べていると、途中から脂で胸焼けするような感覚があるのだけれど、それも全然ない。しつこさがなく、あるがまま存在している。

おいしさの秘密を探ろうと、ちいさなカウンターの中をのぞく。お客さんがひっきりなしに続くから、延々と炭火で切身が焼かれている。職人さんの手さばきを見ていると、なんだか焼き鳥屋を思い出した。壺に入ったなにかのタレにくぐらせて焼くのを繰り返している。あの秘伝のタレにつけているから焼いても身がぱさつかず、しっとりしているのだろうか。この焼き方は、うなぎの蒲焼きから発想したという（『ｄａｎｃｙｕ』２０１９年12月号）。あくまで焼鮭そのもののおいしさを引き立たせるためのようで、照り焼きのようなタレの味が強く出ているのではなく、素材そのものの味わいを出すためのひとくふうのようだ。

「ごはんのおかわりは遠慮なく！」

元気な声が飛ぶ。お茶碗にふんわりとのる白米のつややかさ。ひとつぶひとつぶが際立つおいしさに、ついついおかわりをお願いしてしまう。

ランチタイムで満席なのに、どこか騒々しさとは無縁だ。それはお客さんがそれぞれ食べることだけに集中したくなる魅惑の味だからかもしれない。お客さんがみんな、この場所を守ろうとしているのが伝わってくる。

これはなぜなのだろう。

何度も通うたびに、それはお店の人たちの佇まいに理由があるのではないかと気づいた。きびきびと動きながらもどこか穏やかな空気をまとっている。


ある日のこと。

箸から床へ転げ落ちた梅干しを皿にぽつんと残し、おわびを言うと、女性の店員さんが「あら！　ひとつ舐めていく？」と言ってくれた。

通院がきっかけでここへ来るようになったと伝えると、「わたしたちもそれぞれ休みの日に病院へ行きますよ」と割烹着を着たマダムが応えてくれた。その当時のわたしは通院への拒否感が強く、せめておいしいものを自分にご褒美として与えることを励みにしていた。その気持ちを察してなのか、いや、さすがにそれは考えすぎかもしれないけれど、そのひとことになんだか励まされたのだ。

見えないだけで、みんな何かを抱えている。

かさねた人生に厚みが出てくると、ある種の連帯感が生まれるというか、「お互いにがんばっていきましょうよ」と励まし合いたくなるというか。

「どうもすみません！　ありがとうございます。長いことお待たせしてすみませんでした」

　カウンターの中から、会計を済ませた全員ひとりひとりのお客さんに向けて見送りのあいさつが聞こえてくる。その温もりある声を聞けば、たとえ並んでいようとも、いつも入りたくなってしまうのだ。

※後日談
「あの魚竹が閉店する」とＳＮＳに流れてきたときは「ついにこの日が来たか」と思った。最後の週、開店前の大行列におののきながらも、あの味を覚えていたくて並んだ。こう並んでしまうと、近所の常連さんは来られなくなってしまうだろうな、という申し訳なさを抱えながら。

　店から出てきたお母さんと常連さんが話している。

「すごいね、もう入れないね」

「ごめんなさい」

「いやいや、本当にお疲れ様」

ふたりが軽くハグし合い、その讃える姿に胸が熱くなった。


割烹着のお母さんが言う。

「寒かったでしょう？　お味噌汁たくさんおかわりして温まってね」

ぎっしり並んだカウンターで、お客さんは思い思いに最後のひときれをほおばる。

忘れないように。

ここで食べた味と過ごした時間、そして魚竹の皆さんの温かさを。

壁にはマッキーで書かれた常連さんからのメッセージで埋め尽くされていた。

みんながきっと辞めないでと思っている。けれど、腰が曲がってもひたすらに焼き場を守る姿を目の当たりにすると、もうそんなことは決して言えない。

50年続けること。

その重みをしっかり受け止める。

食べ終わった瞬間に涙がこぼれそうになったのははじめてだった。それだけ、この味に救われていたのだ。数時間並んでいた人たちもみんなきっとそう。

店を出ると、店内で撮影していたカメラマンの方とお客さんが話していた。「働く姿やお客さんの表情って自分ではなかなか見られないから」と、店にプレゼントするために最後の一週間を撮影していると言う。その場にいた初対面の大人が、みな同じ気持ちで店の玄関を見つめている。

いつか街がまったく変わってしまったとしても、わたしはここに温かな場所があったことをずっと覚えていたい。

「ごちそうさまでした」

いつものように口にすると、お店の人はみんな顔を上げ、ひとりひとりのお客さんと目を合わせ
「ありがとうございました!」

と応える。

こちらに向けてくれたあの表情を、いつまでも忘れないでいようと思う。


（閉店）

神保町・神田

揚げたてのジャンボメンチカツ

――ビヤホール・洋食 ランチョン

　この街は何度も来ているけれど、同じ道ばかり通っているということはないだろうか。車道を挟んで向かい側の道のどちらかばかり歩いていて、大通りになればなるほど向かい側に何があるのか、見えているようで見えていない。「ランチョン」はそんな、わたしにとって反対側の、見えていない大通り沿いにある店だった。

　通りに面した1階には、もりもりとごちそうを作ってくれそうな大柄のシェフの人形が見え、メニューや食品サンプルが食欲をそそる。ディズニーランドのカントリーベアシアターのような懐かしい雰囲気。2階の客席へ向かう螺旋階段をぐるりと上ると、壁沿いには、これまでのランチョンと神保町の風景がモノクロ写真で飾られている。上り切ると、ぐっと視界が開ける。

はじめて訪れたのは、井川直子『東京の美しい洋食屋』を読んだのがきっかけだった。なんでも生ビールを注ぐマイスターがいるとのこと。たいしてビールが飲めないのにビヤホールの名に惹かれるのは、お酒に合うようなメニューが好きだからだ。

ランチョンのメンチカツはハンバーグのようなボリュームで、ざくざくのパン粉をつけてからりと揚げられ、デミグラスソースがプレートいっぱいに並々と注がれている。その佇まいの美しさに、洋食屋にきたことを実感した。

全面窓ガラスになっているため、オーシャンビューならぬ、神保町ビュー最前列である。さいしょに訪れた時は夜だったからよくわからなかったけれど、昼間の景色は格別だ。

古書店が並ぶ向かい側の店先を一望する。

昔はこういうガラス張りの店があった気がするけれど、最近はあまり見ない。展望台のように高すぎず、ほんの2階からの眺めでも、いつもと視点の高さが変わるだけで見える景色が違う。それは、神保町の街にたつ建物の高さがそこまで高くないからなのかもしれない。好きな街を俯瞰で見られるだけでおもしろい。

ランチタイムは日替わり定食を。どのメニューも抜かりなく、きちんと作られているのが伝わってくる。テーブルに供されるドレッシングは手作りだ。鮮やかなオレンジ色がまぶしいすりおろしのにんじんドレッシングは、にんにくが思いのほかきいていてあとを引くおいしさ。気に入れば購入できるのもうれしい。

ちなみに、ランチョンという不思議な名前はその昔、常連の学生さんが付けたという。当時は店自体が少なく、「洋食屋」だけでこの店をしめすことができたから、わざわざ店に名前をつける必要がなかったという。

「ン」で終わることばを口にすると、なんだか軽やかで気分がいい。

肉汁じゅわりの餃子 ——スヰートポーヅ

ガシャーン！

ビールのグラスが盛大に割れる音が店内に響いた。

背後で聞こえた音で振り返ると、さっきまで大声で楽しそうに飲んでいた4人組の男性がいた。

「あーあ、やっちゃったね」と心の中で思ったわたしは、片づけにとりかかる店員さんを見た。みんなのお母さんのような店員さんは、いつものことという感じで、表情ひとつ変えずにサッと片づけに入った。

「お母さん、ごめんね！　大丈夫？」

大声で男性は言う。タチの悪い酔っ払いかたをしたその人は、千鳥足で謝りながら外へ出て行った。

神保町・神田

店内が静けさを取り戻した後、マダムは仲間にこう言った。

「大丈夫？　って、あんたが大丈夫じゃないよ。」

しょうもない息子をちょっとだけ心配するような表情で、笑いながら。

ああ、ここは東京でも数少ない、残されたオアシスなんだな。

優しく包まれた餃子は、懐かしさを感じる味。実家で出てくる餃子のような、気取らない見た目がいい。

お店は昭和のままの出で立ちで、あたかもここだけ時が止まっているようだ。

神保町で「スヰートポーヅ」は、満洲で餃子店を営んでいた創業者が、満洲での店名で昭和30（1955）年から営業を続けている。

「スヰートポーヅ」は「おいしい包子《パオズ》」の意で、ギョウザという呼び名は、中国の方言がなまった言い方なのだそう（店に置かれていた資料より）。今の日本では、餃子はふだんのおかずとして親しまれているが、中国ではごちそうの部類に入るとのこと。

縦に細長いつくりが、いい意味で飲食店ぽくないのは、きっと素っ気ないほどシンプルだから。壁にベタベタとメニューを貼ったり、BGMが流れたりもしていない。それぞれの卓で餃子を囲む賑やかな会話が聞こえてくるだけ。

メインメニューは、餃子と水餃子、天津包子。

遅い時間に行ったため、水餃子と天津包子は完売していた。

餃子定食を注文し、待ち時間はメニュー裏の「スヰートポーヅいろいろ」を読む。その資料によれば、中国の人はニンニクをまるのまま齧りながら餃子を食べるのだとか。

餃子の具は、肉・生姜・玉ねぎのみ。生姜が効いた味がクセになる。そのままでも美味しいし、酢醤油と合わせてもいい。他では見かけない筒状の餃子は、両側を閉じないことで肉汁が皮に染み込むようにされているのだとか。今度、うちでまねして作ってみよう。タネをつつむのがめんどうなときに役立ちそうだ。

添えられた赤だしのお味噌汁と白いごはん。

懐かしい食堂の空気にも胸がいっぱいになった。


（閉店）

神保町・神田

甘いのと、しょっぱいの

——ラドリオ

人の記憶というのは曖昧だ。

たとえば春を想起させる広告を作ろうと桜の写真を使う場合、実際の桜の色よりもピンクを強く発色させた方が、みんなが想像する桜のイメージに近いという。そのせいか、毎年ソメイヨシノを見ると、もう何度も見ているというのに「思ったより淡い色なんだな」と記憶を修正している。

それに似たようなことが、ラドリオへ行くといつも起こる。

神保町駅A7出口を出て、「さぼうる」の行列を横目に見ながら脇道を入る。白地に黒の「ラドリオ」とかかれた袖看板の真下が入口だ。

記憶の中のラドリオは、どこか洞窟のような雰囲気を持っている。照明がかぎりなく落とされた漆黒の空間で、ぽつりとテーブルライトがそれぞれ灯ったイメージなのだが、実際のところは想像より明るい。何度訪れても記憶の中のラドリオが修正されることはなく、訪れるたびに明るさを上方修正している。

なぜわたしの頭の中ではそんな記憶違いを起こしているのだろうか。

よく晴れた日でも気分がのらず、その陽のまぶしさすらも疎ましく感じられるような日がある。

とはいえ、家に籠ると頭の中が自分のひとりごとでいっぱいになる。静かなのに騒がしい。外に思考を追いやろうとしても、天井から跳ね返ってくるようだ。そういった日はえんえんと悩んだ挙句、にっちもさっちもいかなくなってしぶしぶ外へ出る。

自分を助けてくれる空間に身を預けに行くのだ。

ラドリオのちいさな扉を開き、身をかがめて入る。

まるでろうそくが丸い円を描いたように連なるペンダントライトが、オレンジ色の光を空間に散らしている。

入口にちかいソファーに腰をおろし、メニューを見る。今日はブレンドにしようかな、と思いつつ、「日本で最初にウィンナーコーヒーを出したのはラドリオです」の謳い文句を目にすると、もう誘惑にはとうてい勝てないことを自覚する。

せっかくならとナポリタンも注文してしまった。銭湯の体重計で過去最高記録におののき、「カロリーが高い食べ物に気をつけよう」と決めていたはずなのに。

自分に甘くなったのは歳を重ねたせいだ。律することも大切だけれども、甘やかせるようになった自分も讃えたい。

「ＬＡＤＲＩＯ」とローマ字で書かれたロゴと、立派なツノを持った鹿のようなイラストが入ったマグカップ。そこにはなみなみとコーヒーが注がれていて、ぎゅうぎゅうと何層にも連なった生クリームがふたをしている。こうすることによってコーヒーの熱が逃げないようにという工夫なのだとか。

うかうかしているうちに、生クリームは溶け出し、カップからコーヒーが溢れ出す。「甘いのとしょっぱいの、どっちも好き」という『ナミビアの砂漠』の台詞を思い出しながら、まるでソフトクリームのようなウィンナーコーヒーの生クリームをスプーンでそっとすくったり、ナポリタンをフォークにからめる。

そうやって目の前の快楽に溺れていると、頭の中で蠢いていたひとりごともいつしか消えていた。

日曜日、町中華でビールと餃子
――餃子の店 三幸園

昼に飲むお酒ほど背徳感に駆られるものはない。

日曜日の昼、町中華でのビール。遅いランチタイムをどこで過ごそうか考えた結果、神保町のあの店へ行こうと思いついた。

店先の装飾テントにかぶさるように、大きな赤い看板が目をひく。白抜きの文字で「SANKOEN」。

週末の神保町で本屋や喫茶店へ行くのが好きだけれど、人気の喫茶店は行列ができるのに加え、休みの店も多く、いつもランチに悩みがち。そんな中、三幸園は日曜営業なのがありがたい。平日は深夜まで営業しているのは、やはり出版社の街だからか。

「ビール飲んでいい？」と夫が言うので、心が揺れつつも、この後本屋へ行くことを考えると、顔を真っ赤にする気にはなれず、美味しそうに飲む姿をうらめしく見る。

ランチには遅い時間なのに、店内はカウンターを除いてほぼ満席。１００種類あるメニューの一部にはハーフサイズもあり、ちょっとつまむのにもいろいろ選べる。

昭和31（１９５６）年創業の三幸園は、「餃子の店」と謳っているように焼き餃子が一番人気だそう。ちょうどこの日も、餃子をお土産に持ち帰るお客さんがいた。

公式サイトによれば、餃子の餡は1時間かけて作っているとのこと。ジューシーな肉汁とたっぷりの野菜で、そのまま食べてもじゅうぶん美味しい。

ひとくちのビールに、焼き餃子と春巻、そしてエビマヨネーズ。

エビマヨ、ぷりっぷり。ちょっと塩味強めでお酒がすすむ味だ。付け合わせのレタスはシャキシャキの食感がうれしい。

春巻もたまらない。

香ばしい黄金色の衣に包まれたトロトロの餡。具のしいたけは、うまみが凝縮している。しいたけってこんなに存在感あったっけ？　としみじみと味わった。

まわりの人たちが食べていたチャーハンでしめくくろうと思ったものの、想定以上に満足したので、次回へ持ち越し。

隣に座っていた60代くらいのご夫婦が、黙々と瓶ビールと料理をたいらげていた。

ほぼ会話のない感じも含めて、なんだかいい。まわりを見渡すと、みんなビールを片手に餃子を食べたりチャーハンを分けながらテレビを見ている。

「シャッター商店街にお客は来るのか」というタイトルで、敏腕社長のドキュメンタリーが放送されていた。夫婦やカップルで来ているお客さんがテレビに釘付けになっている。

「シャッター商店街っていう、ネーミングが嫌いなんだよな」と思いつつ、勝負の行方を見守っていると、最後には地元のおばあちゃんと店員さんの涙ぐましい絆が生まれていた。

言葉を交わすことはないけれど、知らない人たちと同じテレビを見ながら日曜の昼を過ごす時間。

なにもない一日が、かけがえのないひとときのように感じられた。

喪失と再生のグラタントースト ――カフェトロワバグ

店を出ようとすると、子どもの声で「ねえ、ここにチューしていい?」と聞こえた。入口でそんなことをしたくなる場所があるだろうかと振り返ると、3歳くらいのマッシュルームカットの男の子が、地べたを指差しながら言った。

個人でZINEを作り始めてからもうすぐ3年が経つ。取り扱ってくれる本屋さんがじわじわと増えるたび、ありがたさが身に沁みる。それはイベントに出るたびに「あの本屋さんで買いました」といった声をいただくからだ。

学生の頃からお世話になっていた三省堂書店神保町本店から問い合わせが来た時は驚いた。担当者の方に挨拶し、納品を済ませて出ようとすると、先の子どもの声が聞こえたのだ。

子どもの発想ははかり知れない。

おかげで緊張もほぐれ、久しぶりの喫茶店へ足を向ける。

神保町の駅前にある「カフェトロワバグ」だ。

ラーメン屋の隣にある、地下に続く階段には「段差にご注意ください」の貼り紙があった。そろりそろりと降りて扉を開け、奥のちいさなテーブル席に座った。

壁には、エッフェル塔と松の木を融合させたモダンな水墨画が飾られている。

真紅のソファに体をゆだねると、昨日観たアニメーション映画『ロボット・ドリームズ』が頭をよぎった。

都会のひとり暮らしで孤独を抱えるドッグ（犬のキャラクターが主人公で、名前はそのまま「DOG」なのだ）と、そのドッグの友達として生活を共にするロボットの話。事前情報をほとんど入れずに観たところ、いい意味で大きく想像を裏切ってきた。ハッピーな気持ちになれる映画かと思いきや、喪失と再生の物語だったのだ。

ある夏に海水浴を楽しむふたり。ビーチでうとうと昼寝をしてさあ帰るか、というところで、ロボットは体が錆びて動かない。ドッグはロボットを誰もいない砂浜に置き去りにするほかなく、翌日ビーチへ向かうと、来年の海開きまで閉鎖されていた。

突然の別れによって、自分たちの意思とは無関係に引き裂かれる。その関係性はわたしたちの日常で繰り返されるさまざまな別れを想起させた。生きる喜びを失ったとしても、日々は無常に続くし、失った哀しみが完全に癒えることは不可能だ。それでも、その痛みを忘れる瞬間も次第に増えてくる。

痛みと一緒に生きる日々は過酷だ。

誰かが悲しんでいるときに、「いつか傷は癒える」なんて言いたくない。いつまで経っても癒えてはいないからだ。けれど、生きながらえてさえいれば、また違った形でその穴を埋めてくれるような出来事はやってくる。

あのときに失った大切なものを無理やり戻そうとしなくても、すべてをなくしたわけではない。それはどこかでいまの自分を作る大事な紙片となっているのだ。

アース・ウィンド&ファイアの「September」に合わせて、ドッグとロボットがニューヨークの公園で踊る。

そのシーンを思い起こそうとした瞬間、スマホのシャッター音がこだました。2人組の男性がそれぞれポーズを決めて連写している。その音でわれに帰った。このままではひとりで突然ぽろぽろと泣くところだった。

昭和51（1976）年にオープンしたカフェトロワバグのロゴデザインが、どこか見覚えがあることに気づいて調べると、下北沢の「カフェトロワシャンブル」は、もともとここで働いていた方が始めたのだとか。

トロワバグの珈琲豆は、5〜10年寝かせたオールドビーンズだそうで、トロワブレンドはちょうどいい濃さと深みが感じられる。

グラタントーストの香りがふんわりとただよう。食パンと食パンのあいだに、ハムと、とろりとしたホワイトソース。さらに上からもたっぷりとかかっている。

懐かしいような、優しい味のホワイトソースは、子どもの頃に食べた母の手づくりグラタンを思い出させた。

都会の山小屋
――喫茶 穂高

駅前の喫茶店が好きだ。

幼い頃にどこかで観たドラマかアニメの影響なのだろうか、格別の憧れがある。

ＪＲ中央・総武線の御茶ノ水駅にある「喫茶 穂高」は、まさに理想的な存在だ。どんなに街が著しい変化を遂げようとしていても、すっと姿勢を正して立っているような凜とした佇まいがいい。

穂高と聞いただけで心が躍るようになったのは、10年ほど前に夫が長野県松本市に単身赴任していたのがきっかけだ。結婚して1年ちょっと、ようやく新生活にも慣れて落ち着いてきた頃のことだった。夫婦で話し合った結果、夫を送り出し、わたしは東京の住まいに残った。ひとりで暮らすのに寂しくない日はなかったけれど、通うたびに松本の街が好きになったことがなによりも救いだった。

街を歩いていても山が見えるのが、都内育ちのわたしにはとても新鮮で、どこにいても見守られているような気持ちになった。

そんなわけで穂高と聞くと、あの頃毎日のように眺めていた山々の姿を思い出し、ざわついた心が静かに落ち着きを取り戻すようになったのだ。

「喫茶 穂高」は山小屋をそのまま都会に移築したかのようでもあるけれど、朴訥とした印象というよりかは非常に洗練されている。

たとえば、孔雀色のソファとオフホワイトの天板の小さめなテーブルはダークチョコレート色の木製の壁面によく映えているし、黒い筒状のペンダントライトは装飾を省いたシンプルな作りで、周辺をそっと照らしている。テーブルには切子ガラスのシュガーポットと、禁煙をお願いするスタンドが小さく置かれているだけで、視界がすっきりと保たれている。

ソファに腰掛けると、せかせかしていた気持ちがあっという間におさまる。

カラフルな色画用紙の短冊に達筆な筆文字で書かれたメニューが壁を彩っている。壁に飾られた絵画を見るのも毎回楽しみのひとつ。

ここではたいていブレンドを注文するけれど、冬場はみかんえーどという、温かいみかんジュースもおすすめだ。

大きな窓からは、ちいさな庭と御茶ノ水駅のホームが見えた。

「庭の木にアオダイショウが遊びに来てます」と教えてもらったこともあった。都会ではあまり見かけることの少ない蛇は、枝にしゅるりと静かに巻きついていた。

残念ながら現在は駅周辺の改良工事のため、以前のような見晴らしではなくなった。あの眺めが見られなくなるなんてと思ってはいたものの、居心地のよさはひとつも変わっておらず、街の喧騒とは無縁のようだ。

ここへ来れば、あの北アルプスのどこかにある山小屋へ訪れたような心持ちになれ、心のざわめきが静まってゆくのだ。

背徳のアンプレス　――珈琲ショパン

「うちのブレンドコーヒーはかなり濃いですけど、大丈夫ですか？」

わざわざ断りを入れるほど濃いコーヒーってどういうのだろう、とソワソワした。

老舗の喫茶店のコーヒーは深煎りで濃い味がスタンダードだと思い込んでいるけれど、それよりも濃いのだろうか。

昼間だというのに、照明をかなり落としている。それは、店の中央にあるステンドグラスを目立たせるためなのかもしれない。

静かに流れるクラシックを聴き、本を読みながら輝くステンドグラスを眺めていた。

「神田まつや」で蕎麦を食べ、「竹むら」で揚げまんじゅう。神田須田町の老舗名店めぐり、最後に向かったのは「珈琲ショパン」だった。店名の通り、ショパンの楽曲が流れる静かな空間は読書にもちょうどいい。

座り心地のよいワインレッドの椅子とテーブルは、通常より低めの高さで作られている。聞けば、お客さまを丁重におもてなししたいという創業者の思いが受け継がれているそう。店を訪れたステンドグラス専門の作家が驚いたというほど美しい彩りを放つのは、創業当初から使われているステンドグラス。柔らかな色味のグラデーションに吸い込まれそうになる。

そして、一番奥にある大きな鏡台は、創業時から使われている貴重なアンティークもの。戦時中の被害から奇跡的に免れたため、当時のインテリアが残っているという。

中央に書かれた「ＳＨＯＰＩＮ」は、製作者がショパンの綴りを間違えたものの、そのまま使用したという。その大らかなエピソードは、ショパンの持つ静謐なイメージをどこか和らげているようでもある。

創業は昭和8（1933）年。いまは3代目の岡本由紀子さんが切り盛りする。

店名の「ショパン」は、創業時にレコード店からのアドバイスで決まったという。人気メニューの「アンプレス」というのは、ひとてま加えたあんバターサンドを指す。なんでも常連さんからのリクエストで誕生したのだとか。直火焼きのホットサンドメーカーで火加減を調整しながら、何度もバターを塗って焼き上げる。

アンプレスを頬張れば、なぜショパンのブレンドが濃いめなのかが腑に落ちるはずだ。ブレンドコーヒーは浅煎りの珈琲豆をたっぷりと使い、濃さを感じつつ苦味を抑えた創業当時の味わいを守る。

こんがりと黄金色になるまで焼かれたホットサンドをつまむと、こぼれそうなほどの粒あんがぎっしり入っていた。じゅわっと広がるバターの塩気とあんこの甘みが絶妙なハーモニーを奏で、気づけば忽然と姿を消していた。

浅草橋・秋葉原

夕暮れのあんかけ焼きそば

――水新菜館

雲ひとつない青空の下。蛍光灯で照らされた空間にパソコンの打鍵音だけがうごめいている。

前後左右を見渡せば、ざっと100人はいるであろう執務室は、水を打ったかのように静かである。だけど、落ち着いている人はだれもおらず、ひとり残らず今日じゅうにやるべきことに静かに急かされていた。こんなにピリピリし続けた空間で仕事をするなんて、心が壊れる人が出てきてもなんらおかしくはない。せめて、出勤のときくらいは頭を上げて目を合わせて挨拶をし合ってもいいのではないだろうか。かるい雑談をして心理的距離を縮めようとする人もおらず、とはいえ自分から余計な話をする勇気も出なかった。

いつのまにか360度全方位を囲われた気分になって、いつも息苦しかった。

そんな環境に何時間もいると、おのずと体がむずむずとしてくる。

定時が近づけば、チャイムが鳴る瞬間を待ち焦がれ、牧場で飼われた羊が、柵が開いた瞬間にゾロゾロと出ていくかのように各々が帰宅準備を始める。その波に飲まれないよう、チャイムと同時にパソコンをシャットダウンし、ひと足早く執務室の扉へ向かう。居たくない場所にいる時間を1秒でも減らさねば、すり減ってしまう。いつのまにか出勤してこなくなった人たちのように、いつか自分もそうなってしまう気がしてならない。病む前に逃げるのだ。そうやって毎日なんとか切り抜けてきた。

「ごめん、今日は外で夜ごはん食べて帰るね」と、夫に連絡する。あの人のいる店へ行きたい。多分、この街のみんなの家はここだ。

JR総武線の浅草橋駅東口から大通り沿いは大きなビルが乱立し、チェーン店が並んでいる。その中で大通りの角にあるのが、「水新菜館《みずしんさいかん》」だ。

けして大きくない建物なのに、どうして存在感があるのか。それは、建物の背丈の3分の1を赤い看板が占めているからであろう。看板に白抜きでどーんと描かれた屋号も堂々とした立ち姿で凛々しい。店先には蛍光オレンジやライムグリーンの短冊に書かれた自慢のメニューがまぶしく並ぶ。なんて読むのかわからないメニューもたくさんあるけれど、それがまた楽しい。

「レディーさん、いらっしゃい」

あかるく声をかけてくれるのは、カラーパンツにサスペンダー、チェックのシャツに蝶ネクタイが制服のマスター。いつだって、その言葉を聞くだけで心が軽くなる。

どのメニューにするか考えていると、マスターは「おじさんのおすすめはね、あんかけ焼きそばだよ」とみんなにさりげなく声をかける。

そう、ここでまず食べるべきは、あんかけ焼きそば。中華麵を茹でたのち、軽く焼き色がつく程度に揚げた麵。その麵におおいかぶさるように、つやつやの餡が白い皿いっぱいになっている。ぷりぷりのきくらげ、青梗菜、にんじん、豚肉など、具だくさん。オイスターソースがふわりと香り、食欲をそそる。

餡に含まれる油の粒子が反射し、蛍光灯を浴びてきらきら光っている。お皿の端っこにはしっとり秋色のマスタードがたっぷり添えられていて、途中でお酢と一緒に味を変えて楽しむのもいい。大皿にたっぷりとのったあんかけ焼きそばを見るたびに、全部食べられるか心配になるものの、気づけばいつもぺろりと完食している。

小籠包を頼めばおすすめの食べ方を臨場感たっぷりに教えてくれ、ビールを頼めば「アサシ（アサヒ）スーパードライだよー」と、江戸っ子ふうの言い方で瓶ビールを運んできてくれる。

一品料理も目移りするレパートリーの多さ！　肉巻きというメニューは、ひき肉のパイ包み。「これがまたビールに合うんだよ」というマスターの言葉のとおり、胡椒がぴりりときいてあとをひくおいしさだ。いつか全メニュー制覇したいと思いつつ、結局いつも同じメニューを頼んでしまう。

食べもののことばかり熱く語ってしまったけれど、それだけではない。

水新菜館のマスターは、サービス業の神様である。

いつ行っても元気と笑顔は絶対に欠かさないうえに、毎日同じテンションを保ち続けている。

わたしは若い頃、接客業をしていたので、この、いつも笑顔でいることの大変さを知っている。毎日売上や店を整えるのに必死で、最後は枯れ果てていた。だからこそ、マスターの変わらぬ笑顔がより眩しく感じるのだ。

ある日のこと。マスターが写真を差し出した。

「見て、これトム・クルーズ」

テレビ番組で一緒になったアイドルとの記念写真だった。ぼんやりしていたら夫に「なんで突っ込まないの?」といなされた。マスターが自分のことを指していたからだ。

せわしなくテーブルとテーブルの間を動き回る間に、ひょいと一声かけて笑わせてくれたりと、ムードメーカーの役割を一手に担っている。コロナ禍では、「お手を拝借、ヨオーッ!」と、まるで三三七拍子が始まるかのようにアルコールスプレーで手を消毒してくれるパフォーマンスもうまれた。

いつも満席の客席をすみずみまで見ているところにもサービスマンの腕が光る。お客さんの水がなくなれば、小さな赤いホーローポットからあっという間に水を足してくれる。

マスターの奥さんは打って変わってクールで、そこがまたいい。

前に偶然居合わせたときのこと。お財布を忘れたサラリーマンが慌てながら「今から会社に取りに行って必ず戻るので、代わりに携帯を置いていきます」と言うと、「そんなことしなくていいわよ。戻ってくるって信じてるから」と、こともなげに返した。その動じなさと、目の前の人をただ信じる姿勢に胸が熱くなった。

何年も通いつつも、聞くのは野暮かなと思い聞かずにいたけれど、ある日「奥様ですか？」と聞くと、「そうじゃなきゃ、一緒に働かないわよ」とさらりと笑う。そうですよね、いや、そうですよねってことはないのだけれど、衣食住を共にし、仕事も一緒という夫婦を見るたびに、尊敬の念が湧く。

水新菜館の創業は明治30（1897）年のこと。もともとは果物屋だったことが店名の由来だ。

「むかしは果物のことを水菓子って呼んでたんだよ。それから創業者が『新次郎』だったから、組み合わせて『水新』になったんだ」と教えてもらった。少し前にはカップラーメンとコラボレーションしたこともあったという。

昔の食堂のような小さめのテーブルと椅子が所狭しと、そしてカウンターには赤い丸椅子が並ぶ。きびきびと働くシェフの動きをついつい目で追っていると、あっという間に目の前には注文したメニューが届く。並んでいるお客さんを少しでも早く入れるように、でもおいしさを担保しつつ、つねに効率化を図ってクオリティーを保つ努力をしているのだろう。

この店にいる時間は、なにか大事なものに守られている気持ちになれる。

大丈夫だ。うんざりするようなことばかり起きるこの世界で、自分の感情を消して働いた方が楽だと思えるような社会でも、こんなふうに誠実な人たちが働く場所が在り続けるかぎり、ちゃんと生きようと思えるのだ。

「この間、水新から出てくるところ見ましたよ。すごく満足そうな顔でしたね」

と、知り合いに声をかけられた。

そうでしょうね、あの店から出た瞬間のわたしは、心もからだの栄養もすみずみまで行き渡っているから。社会に揉まれ、鬱々とした気持ちを抱えていても、ここにくれば大丈夫。そんな場所が街にひとつでもあれば、きっと生きていける。

とろーり、オムライス ――ゆうらく

満月みたいなオムライスを見つけた。

浅草橋の老舗喫茶店「ゆうらく」は、ほろ苦い大人のキャラメルソースのような色のガラスの扉が目印だ。

扉を開けると、ボルドー色の革張りチェアが目に入った。ふかふかの椅子は腰をおろしたときに低めの設えで落ち着く。

ここのインテリアはどこか70年代っぽさを感じる。スペイシーな天井のランプはまるで空に浮かぶUFOのようで、窓際のテーブル席には、光が燦々と入り、外からは店の様子が見えないのに、内から街の様子が見えるのがいい。

遠くの席では、学校の帰り道に制服姿の女子高生2人組がおいしそうにパフェを食べている。放課後にこんな喫茶店に来られるなんて、とほほえましくそっと見守る。わたしの学生時代にも喫茶店はあちこちにあったはずなのに、ここまで身近な存在ではなかった。

メディアが喫茶店を取り上げた結果、若者がこういった店に気兼ねなく来られるようになったのは間違いない。他者からの賞賛を浴びるために、撮影を始める人が現れるなど、ある一方では課題を生みつつも、希少な個人商店としての喫茶店が在り続けるには、新しい世代の支持も絶対的に必要だ。画一化に争う、というか、争うつもりもなく、個性を競うわけでもなく、そこに存在し続ける安心感が支持される理由だろうか……まあ、いいか。


真っ白のテーブルに登場した黄色い満月。

とろっとろの丸いたまごの膜で覆われたオムライスには、真っ赤なトマトソースがたっぷり添えられている。表面はトロトロだけれど、チキンライスをしっかりと包み込むよう丸くカバーしていて、スプーンを入れるのがためらわれた。

ボリュームたっぷりのチキンライスでまんぷくに。

そのお供には、夏らしく、レモンスカッシュを。

日よけのカーテンがレモン色とホワイトのストライプで、いつの間にか導かれたような選択をしていたようだ。

シュワシュワの炭酸と爽やかなレモンのおかげで、からだのほてりも落ちついた。

帰りにこう伝えた。

「たまごがトロトロで美味しかったです」

「メニューの名前が『とろーり卵のオムライス』ですからね」

ランチには少し早い時間。キッチンにいた優しい笑顔のマダムとシェフが、わたしに向かって大きな声でいう。

「ありがとうございます」

今日はなんだか暑すぎるし、まだ外へ行くにも体力も気力もついていかないのが悔しいけれど、つかの間ここへ来られてよかった。

アヒルの人形と冷やしそば　――ひさご

「はい、おまけ」と、カウンターに置かれたのは小さなアヒルのフィギュアだった。

衝動的にそばが食べたくなり、浅草橋駅の高架下にある立ち食いそば屋「ひさご」の暖簾をくぐる。男性客の多い店は、暖簾をくぐるときにいつも緊張する。

浅草橋駅の高架下は、飲み屋やごはん屋が立ち並ぶ一帯。

貼り紙が多い店は緊張するものの、どれも達筆で、そしてお客さん思いの温かなメッセージがちりばめられている。ひさごとは瓢箪《ひょうたん》を指すことも、この張り紙から学んだ。

「いつまでもかわいがってください！」と、美しい文字で書かれているところもいい。

冷たいそばがどうしても食べたくなり、平日の早朝に駆け込む。

今回は冷やしそばとちくわに。

真っ黒なつゆに、そばと半円型のちくわが2つ。つゆの色の濃さを見た瞬間、けっこう塩辛いのかなとドキドキしたけれど、お醤油の風味がありつつ、角が取れた丸みのある味わい。麺はなんと自家製、細くて喉越しがいい。冷やしそばは、キーンと冷たすぎないところもまたいい。

平松洋子『そばですよ』によれば、築地から仕入れている氷柱を水に入れて、そこにつゆの入った容器を入れて冷やしているんだとか。青のり入りのちくわ天も油っぽさがなく、朝からするっといける。ここのちくわのもちっとした食感は、いちど食べたらやみつきだ。

予想をかるく裏切る美味しさにうちふるえていたら、カウンターに黄色いアヒルが横にちょこんと置かれた。それから、折り紙で作ったシャツ型の楊枝入れも。

「お客さんが作って持ってきてくれるんだよ」

お父さんは話好きで、その後もバラエティ番組で観たユーハイムの素晴らしさについて喋り、お母さんは黙々と作業を続けている。食べ終わってもなんだか永遠に居ついてしまいそうで、ちょうどいいタイミングを見計らって切り上げた。

「また、よろしく!」

お父さんが言い、お母さんもニッコリと送り出してくれた。

毎日通う常連さんも多いのだろう、愛されている空間だということがひしひしと伝わってくる。

おいしい蕎麦と同じくらい大切にしているであろう、温かなサービス。

たった10分くらいの滞在時間。

ちょっとした世間話は、みんながなごやかな気持ちになれる魔法だ。

ぐつぐつ、焼きカレー　――ストーン

過去に成し得たことはきれいさっぱり忘れる。

いつ何時も自信のなさに囚われていて「もう少し自信を持った方がいいのでは」なんてアドバイスをされても、その言葉は響かない。

ある人に言われたことばが残っている。

「ひとまず実現可能かどうかは置いといて、これからやりたいことを書き出したら？」

頭の中で「できない」と笑う声を無視し、コピー用紙いっぱいに書いた。

好きなお店の人たちに声をかけてちいさなフェスをやってみたいなとか、食べるだけじゃなくて本も音楽もお笑いも好きだから、本屋さんや雑貨があってもおもしろいし、ステージで生ライブもいいな。

自分の気になるイベントが開催されるのはたいていてい渋谷や下北沢とか、東京の西側だ。

東側（できたら下町エリアで）でやってほしいと願っても好みのイベントが開催されないのなら、もう自分でやるしかないのではと薄々勘づいてはいる。
そんなことで頭の中をいっぱいにしていたら、どんどん楽しくなってきた。完璧にはできなくても、少しずつ可能性を育ててゆく過程もきっと楽しいはずだ。空想のフェスを思い浮かべていたらすっかり元気になり、おなかがすいた。

そうだ、焼きカレーの店へ行ってみよう。
浅草橋駅の高架下の近く。チョコレート色の瓦屋根がついたファサードが目印だ。ずらりと番組名が書かれたボードは今まで多くのテレビ番組に取り上げられた証だ。
「ストーン」の看板メニューは、焼きカレーだ。
メニューを見ると、
焼きカレー
焼きスパゲッティ
焼きカレースパゲッティ
焼きロールキャベツ……

想像が追いつかないまま、頭の中で「焼き」の文字がどんどんゲシュタルト崩壊する。カレーって焼くようなメニューだっけ、それを言ったらスパゲッティもそうか。でも焼きそばも焼きうどんも、この世には存在する。

謎が謎を呼ぶなか、目の前に現れたのは、両手にころんと収まりそうな茶色の壺だった。オーブンで焼き上げたばかりのカレーは、マグマのようにぐつぐつと熱を蓄え、こんがりチーズが食欲を誘う。

そろりそろりとスプーンを入れ、フーフーと冷ます。猫舌には危険な熱さなのは間違いない。

気取らない日本のカレーのようなビジュアルに反し、味わいは本格的だ。牛すじや野菜からとったスープがベースになっているそうで、コクがありつつも見た目よりもさらりとしたカレー。具材のブロッコリーとソーセージをかみしめたときのじゅわっと滲み出る旨味がたまらない。

わたしは好物を後にとっておく方なので、最初はできるだけチーズの層を崩さないように端っこから少しずつすくう。どうやら真ん中に卵が入っているらしいと聞き、不用意に割らないように気をつけながら食べる。そうしてベースのカレーを味わった後、満を辞してチーズにとりかかり、じゅうぶんに味わってから卵をつぶす。じゅわーっと流れ出すオレンジの黄身がまぶしい。深まるコクで、さらにスプーンが止まらなくなる。

気づくと壺の中身はからっぽになっていた。

店先に貼られていた掲載誌によると、オーナーはイタリアン、フレンチ、和食とさまざまな料理を手がけてきたと書かれていた。どこにも属しそうで属さないオリジナリティ溢れる焼きカレーは、ボーダレスにジャンルを行き来したからこそ生まれたメニューなのかもしれない。もちろん単純な憶測ではあるけれど。

焼きカレーを食べていると、あれこれやりたいことに手をつけがちな自分の、どこにもなじめなさから来る心細さも、少しだけ抱きしめたくなっていた。

夢のワンプレート、ハンバーグとカニクリームコロッケ——洋食大吉

「また休日に仕事してる!」

お店のマスターが常連さんに声をかけていた。

それを笑顔で交わして、赤いチェックのテーブルクロスがひかれた席につく常連さん。付かず離れずの良い関係。

都会のいいところは、関わらないでも暮らせることかもしれない。けれど、本当はこんな風に挨拶をしたり、ほんの少しだけ声を掛け合うくらいが心地いいと感じる人は多いのではないだろうか。

JR総武線・都営浅草線の浅草橋駅から約5分。大きな黄色の看板が目印だ。お店のショーケースには時代小説家の池波正太郎のエッセイが飾られている。

入口から右手にカウンター。その奥に調理場。シェフがテキパキと動いている姿を見て

いるのは気持ちいい。左にはテーブルが並び、さらに奥には座敷もある。ランチタイムだと相席になるが、話すきっかけが生まれたりして楽しい。

「カツカレー食べに来たんだよ」

と急に初対面のお隣さんに話しかける人もいる。

おいしいものがある下町の空間は、いい空気が流れているのだ。

わたしのおすすめは、タラバガニのクリームコロッケと昔風ハンバーグのセット。ナイフを入れた瞬間に白いプレートにはじゅわーっと肉汁が溢れ出す。一風かわったブラウン色のクリームが特徴のカニクリームコロッケもたまらない。何度行ってもこればかり頼んでしまう。

ボリュームのあるメニューなので、いつもライスを少なめにお願いするのだけれど、そんなある日のこと。

「ごはん少なめでお願いします」とお願いすると、隣にいた夫に向かって女性の店員さんが「あなた食べられるでしょ」とひとこと。なんだか恰好よく、しびれた。

うれしい共演！　三色ライス　――一新亭

大の大人がずらりと並んで、みんなオムライスを食べている。

店内は、地元のお客さんで賑わっていた。近くで働くサラリーマンのおじさんが4人横並びで座り、楽しそうにオムライスを頬張る姿があった。

流行りのふわふわトロトロオムライスは、人を惹きつける魅力がある。だけど、昔ながらのオムライスには、家に帰ってきたような安心感がある。

真っ白な暖簾が気持ちいい入口。4人掛けのテーブルは相席必須だけど、みんなで食事を囲む風景は、ちょっと下町っぽくていい。向かい側の席の人に会釈をして、すとんと座る。

壁には昭和の街並みを切り取ったモノクロ写真が飾られていて、わたしの知らない下町を垣間見ることができた。

「一新亭」のご主人は、日々ここを経営しながら町の風景を収めている写真家で、『東京懐かし写真帖』という写真集も出版されている。日々のなにげない一瞬からは、当時の息づかいが聞こえてくるようで、街の人への温もりがにじみでている。


厨房から聞こえてくる卵を割る音。

ふんわり香るごはんのいい香り。

淡々と話すテレビのアナウンサーの声。大口を開け、もぐもぐと食す作業着のお兄さん。

一新亭の看板メニューはオムライス。わたしがいた時間に来たお客さん全員、オムライスを注文していた。今日はオムライスにメンチカツのセットが人気のもよう。

もうひとつの名物は「三色ライス」。

オムライスにカレーライス、ハヤシライスがひとつの大皿にのっている、サービス精神旺盛なメニューだ。どれも懐かしい味が心にしみる。優柔不断なわたしは、メニューを決めるのに時間がかかるので、これはありがたい。

オムライスのたまごはつやつや、ぷるんとチキンライスを包み込む王道スタイル。チキンライスもしっとり甘めのトマトソース味でおいしい。カレーはまさに給食のカレーの懐かしい甘口。濃厚なハヤシライスもたまらない。これを交互にスプーンですくえる幸せに勝るメニューがあるだろうか。

あれもこれも食べたい大人の夢を叶えてくれる。

オムライスをかっこみ、仕事場へ戻るサラリーマンたちのようにぱくぱくと完食し、さっと店を出ると、外には気持ちいい青空が広がっていた。

別荘地のペンションでピッツァ
――PIZZERIA BUONO BUONO

まるで絵葉書のようなファサード。

壁一面が緑色に塗られ、手書きで「PIZZERIA BUONO BUONO」と白いペンキで描かれている。壁のちょうど真ん中には白い枠の大きなガラス窓があり、オレンジ色の光に包まれた店内がちらりと見える。白いメニューボードには大きな木製フォークがぴたっと貼り付けられていて、その朴訥とした存在が印象的だ。右端にはくり抜かれたように階段が上に続いていて、そこを上ると店の扉にたどり着ける。

扉を開くと、なんと3フロアに分かれていた。入口のあるフロアにはキッチンとテーブルひとつ、そして階段を下ると吹き抜けの空間でもうひとつ大テーブル。さらに下のフロアにも客席がある。

入口のあるフロアがイタリアンレストラン、吹き抜けのあるフロアが別荘地にあるペンションだとしたら、いちばん下はスキー場近くの温かな食堂のような雰囲気だ。木製の階段を下りてゆくだけで、なんだかインディー・ジョーンズの世界に入り込んだかのよう。

吹き抜けの空間には暖炉があり、広い壁のあちこちにはギターやウクレレ、ピアニカやオカリナなど楽器がそこかしこに飾られている。ちょうど海外からの旅行客が食事を終え、のんびりと過ごしていた。

いちばん下のフロアに案内された。

木製の壁にはあちこちにお客さんからのメッセージが書かれていて、それを読むだけで書いた人の姿やシーンが浮かぶ。

「ピザが焼きあがるまで10分くらいかかるから、それまで待っててね」とオーナーが言う。

まず、白いグラタン皿に出てきたのは、食いしんぼうが万歳したくなるメニューだった。カマンベールが丸ごと1個、まんなかに置かれ、縦半分にカットされたロールパンがまわりを囲んでいる。まるでカマンベールのひまわりのよう。ガーリックトーストといえばフランスパンしか見たことがなかったけれど、ロールパンもかなりいい。もともとふわふわの軽い口当たりのロールパンを焼くという発想がなかったため、食感での斬新さと、ほんのり甘いロールパンにしっかりとバターの塩気とにんにくの香ばしさが混ざりあうのも新鮮だ。

「うちのピザは、その日に使う分だけ生地をこねて準備しています」

1枚目はカプリチオ。真ん中に半熟たまごとチーズがのった素朴なピザだ。シンプルな食材でも存在感があるのは、やはり生地のおいしさあってのもの。

2枚目はジェノベーゼ。届いた瞬間にわっと歓声が上がる。目を見張るほど鮮やかなグリーンのソース。バジルてんこもりで、こんな贅沢なジェノベーゼに出会えることはそうそうない。

食べ終わる頃、急に生演奏が始まり、サックスに笛、鉄琴、シェイカーの音が聴こえた。オーナーと常連さんの演奏のようだ。

「さっきまでの演奏とてもよかったです」と伝えると、

「あんまりほめるとチャージ料取られるよ!」

常連さんは笑いながら釘をさした。

ひとあじ違う、いか天そば　――川一

秋葉原や浅草橋は、じつは蕎麦屋の隠れ名店が多いことを知った。はじめて訪れた日は、在宅で仕事をしていた時期だったから、気の赴くままに外へ出てはぶらぶらとあちこちをまわっていた。

調べると、朝から営業しているらしい。こういった立ち食いそば屋は早朝から夕方、早い場合はお昼過ぎまでの営業の店も多いのだ。

翌朝パチっと目が覚め、ベッドから飛び起き、急いで着替えをして出かける。迷ってる暇なんてない。朝からおいしいものを食べればきっといい一日になる。

大きな病院がある通りの近く、暖簾がはためく「川一」は、カウンターのみのお蕎麦屋さん。一見、立ち食い蕎麦屋のようだけれど、すべてカウンターにハイスツールが備え付けられている。

カウンターのいちばん奥の角にはテレビがあり、ワイドショーが流れていた。ものものしいニュースから目を背けてすみずみまで店を眺める。こういったカウンターのお蕎麦屋さんはあらかじめ天ぷらを揚げ置きしてあって、それがカウンター越しにずらりと見えるのが楽しい。それに加え、長年使われたキッチンは、流れるように動くために効率的に配置されているのが手にとるように見えてくる。

壁を見れば、流れるような筆文字の短冊に書かれたメニューを想像してうっとり。気づけばあっという間に目の前には注文したそばがあった。

ここで食べるべきは、いか天そば。

カラッと揚がった衣はもちろん、身もすばらしい。上質ないかを使っているそうで、むちむちした食べごたえがたまらない。噛むとぐっと旨みが口の中に広がる。

正直に言うと、ずっといかに興味がなかった。いかのお刺身のとろり、むっちりとした食感は好きだけど、熱を通したときの、ゴムのような食感がどうも好きになれなかったのだ。いかって、こんなに美味しかったんだ……！

いか天そばを食す間、次々と常連客がやってきた。「旅行、どうだった？」など、せわしく店をまわしながらおしゃべりしている。ふたこと、みことのコミュニケーションの尊さよ。

レジェンドと呼ばれるくらい、みんなを満たす味わいを毎日作り続けるのは、並大抵のことではない。それに加え、惜しみなく、お客さんをなごませる姿勢も素晴らしい。わたしは自分が長く同じ仕事を続けられなかったことで、続けることの価値に気づけた。きびきびと働く店主を見ると、きちんと目の前のお客さんだけに対峙していればいいのだと教えてもらえた。

チーズケーキとレコード ――こーひーこっぺる

「ジブリに出てきそうな店なんです」

近くにオープンしたホテルのスタッフの方が、愛おしそうに話していた。

秋葉原駅から徒歩4分の路地裏にある「こーひーこっぺる」。

ギャラリーのような佇まいで、木製の扉にはノミで彫られたデザインが施されていて、その陰影から時の流れを感じる。

扉を開けると、カランコロンと聞こえるベルの音色が郷愁を誘う。

カウンターで常連さんとマスターご夫婦が世間話に花を咲かせる。店がスタートして長く経つそうだけど、そう見えないほどすみずみまできちんと整えられている。

艶のある木のテーブルやカウンター。味のあるノミ目彫りのついたて。三角帽子のランプにレコードプレーヤーと、どこを取っても店を大切に守ってきたのが伝わる空間。ピンクの電話が懐かしい！　まだ現役なのだろうか。

窓側の5人掛けテーブルは、コーナーを上手に使っていて落ち着けそうな空間だ。佇まいのよい席は、そこに腰掛けるより、その席と風景を眺める方が楽しい。

メニューは手書き。１９８０年代のファンシーグッズに使われるフォントのような丸みがかわいらしい。モーニングのトーストから、ランチのジャンボサンドイッチに、遅めのランチ向けのミニサンドイッチと、お客さんの時間とおなかに合わせた多彩なメニューがいい。

自家製ケーキセットは2種類。ベイクドチーズケーキにチョコレートケーキ。ハーフ&ハーフもできるという、よくばりな人間にもやさしいメニュー。

今日はチーズケーキとコーヒーを。ちょうどいいミニサイズのチーズケーキは、しっとりとした口あたりでさわやかな酸味が感じられ、ミルクたっぷりのカフェオレとの相性もいい。

場所柄か海外のお客さんも来るようで、会計をすませた男性がマスターに親指を立てて「グッド!!」と伝えていた。

駅のホームで冷たい牛乳を――酪

牛乳は好きだけど、わざわざ外で飲まなくてもいいかな、と思っていた。都内でミルクスタンドがある駅ホームは、秋葉原くらいなのではないだろうか。しかも、総武線の新宿方面にも、反対方向の千葉方面どちらのホームにもある。

サラリーマンのおじさんをはじめとした常連らしき人が醸し出す玄人感をなんとなく察し、駅のホームにありながら敷居が高いように感じていたのだ。そういった意味では、立ち食いそばも同じ部類かもしれない。だが、一度暖簾をくぐってしまえばこっちのもの。最近はお洒落なカフェより自分のホームというか、守られている気さえしてきた。他人にどう見られるか気にしなくて済む場所なのかもしれない。

手慣れた常連たちは迷う間もなくいつものを指定し、一気に飲み干し10秒もかからず颯爽と去っていく。あの、風を切って立ち去る姿が恰好いい。ああいう人は気持ちの切り替えが早そうで見習いたくなる。

創業70年を越えたミルクスタンド「酪」は、現在では50種類もの牛乳が並ぶそう。（参考：70年間、サラリーマンの味方であり続ける「牛乳の聖地」50種類そろうミルクスタンド　ふるさとの味を秋葉原駅で／東京新聞ｗｅｂ）

全国の産地でとれた牛乳のラインナップがずらり。店先に暖簾のように貼られたイチオシ商品を読むだけでも時間が過ぎる。

わたしは、ミルクスタンド初心者のため、空いたタイミングを狙って店員さんに聞いた。

「冷たい牛乳でおすすめは？」

千葉の酪農家さんが作るＦＵＲＵＹＡの低温殺菌牛乳をすすめてもらった。

「今日のラスイチ！」

そう推す声で決断した。

オーダーを受けた店員さんの、目にも留まらぬ早さで牛乳瓶のキャップを開けてラベルを剝がす一連の動きには全く迷いがない。それがまた美しいのだ。

ＦＵＲＵＹＡ「房《ふさ》の恵み」のラベルデザインは、藍色をベースに、千葉県の形とオフホワイトとクリーミーなペールベージュのドットがプリントされている。

「房の恵み」は思った以上に爽やかな喉越しと、その後に喉の奥の方にほのかにキャラメルのようなコクが感じられる。低温殺菌の牛乳の特徴なのだろうか。

産地や種類などの特徴を知らないのもあって、ミルクスタンドを遠ざけていたんだと気づく。たったひとこと、聞けばいいだけだったんだ。

まだまだ知らない牛乳をおすすめしてもらいたいし、一緒に販売しているあんぱんを買って立ち食いもしたい。

2021年に小岩井乳業、2024年に森永乳業、2025年の3月末で明治が瓶での牛乳の販売をやめたというニュースを見かけた。牛乳瓶も減少の一途を辿っているのだろう。

手に入らなくなる前に、あの、ぽってりした牛乳瓶でぐいっと飲む感覚をなんども味わっておきたい。

オレンジスカッシュとめだか　――コーヒーショップ司

ガラスの鉢に入っためだかを見つけた。

秋葉原からほんの少し歩き、岩本町の駅近くにはオフィスが立ち並んでいる。周辺をよく見ると渋いビルも多く、立ち食いそばの看板も味わい深い。

繁華街からちょっと離れたところにある、常連に愛されている喫茶店が好きだ。入るのにはすこし勇気がいるけれど、いちど入ってしまえば居心地がいい。洒落たカフェよりも喫茶店の方が落ち着く気がするのは、年を重ねたせいなのか。

「コーヒーショップ司」は、入口のワインレッドのテントが年季を感じさせる佇まい。全面ガラス張りだけど、生け垣で視線を遮っているところが落ち着く。

角丸のテーブルに、ラウンド型のチェア。思ったよりふかふかで、腰を下ろした瞬間に幸せを感じる。鮮やかなグリーンのブラインドがちょっとめずらしい。テーブルにはキャラメル色のグラスに灰皿が置かれている。

近所の会社で働くおじさんたちが会議していた。

そういえばだいぶ前に、「昔の会社には会議室なんてなかったから、喫茶店を会議室代わりにしてたんだよ」って話を聞いたことがある。味気ない会議室よりも喫茶店で会議をするのはいいいな。まわりに全部聞こえちゃうけれど。

ガラス戸の食器棚にはティーカップセットがしまわれていて、ネイビーのエプロンを着けた細身のマスターは静かに佇んでいる。

暑い日だったので、オレンジスカッシュを。

ミキサーでがーっと作ってくれる音に期待が高まる。まさかの生ジュース仕立ての贅沢さ。すっきりとした甘さにしゅわしゅわソーダは、オレンジジュースと違って甘すぎず、のどごしが爽やかだ。

オーダー表のノスタルジックさもいい。1行目には「ヒンメイ」「スウリョウ」「キンガク」、合計金額の下には「トナリマス」と記されている。

お会計をしようと席を立つと、レジの隣にガラスの鉢が見えた。きれいに手入れされた鉢に鮮やかなグリーンの水草が眩しい。

めだかをじっくり見たの、いつぶりだろう。

「めだか、意外と大きいんですね」

「飼い始めて2、3年かな」

「けっこう長生きするんですね」

「でもめだかの寿命は2、3年くらいみたいです」

マスターは目を合わせて言った。

「じゃあ、めだかが元気なうちにまた来ますね」なんて軽々しく言うのは憚られる気もした。「2、3年も一緒に過ごしたら、情が湧くよな……」と一瞬のうちによぎり、「そうなんですか」と、中途半端なリアクションをしてしまった。

ただの世間話だったのかもしれないけれど、ていねいにお世話されているめだかを見ていれば、きっと誰しも長生きを願いたくなるはずだ。

墨田・江東

美しいオムライス ――レストラン シラツユ

子どもの頃から何度となく来ている錦糸町。楽天地で映画を見たり、買い物に来たり。いつのまにか駅前にPARCOができ、どんどん洗練されていく街の様子になじめないでいたのも、そして夜は少しこわい雰囲気があったのも、もはや昔のこと。

JR総武線・錦糸町駅の高架下にある「レストラン シラツユ」。昭和48（1973）年創業の洋食屋は、まるで長野の白馬にありそうなペンション仕様。木造の白亜の外観に、筆記体で「Café & Restaurant Shiratsuyu」と型どられた赤いネオンサインが映える。

この辺りはなんども通っているのに、どうして気づかなかったのだろうか。錦糸町に来る用事といえば「魚寅」で新鮮なまぐろとたこのぶつ切りを求め、いつもたくさん買いすぎ、どこにも寄れずにそのまま帰ることが多い。

でも、今日は違う。錦糸町駅から歩いて10分くらいの黄金湯に行った帰り道、身も心もすっきりした心持ちでここへ来ようと決めていたのだ。

天井が高く、空間の抜けがいい店内は、まるで避暑地のペンションのようだ。ペンダントライトも素敵で、ちょっと非日常が味わえる。窓や壁ぞいには観葉植物がずらりと飾られ、その脇にはさりげなく真っ白なスカイツリーの大型模型もある。レジの横には芸能人のサインがずらりと見えた。

長い間続けてきたのがうかがえるのは、毎日食べたくなるメニューの豊富さから明らかである。数量限定のロールキャベツも気になるし、カニクリームコロッケもいい。

正統派のオムライスは、味噌汁とサラダにドリンク付き。

ぷりんと黄色のシーツに包まれたオムライスの美しさ。これを崩すなんて、なんと恐れ多いことよ。

山奥で静かに流れる湧水のようなトマトソースの優雅さも、オムライスの美しさを引き立てている。添えられたパセリ、そしてさりげなく福神漬けがついてくるのもなんだかうれしい上に、味噌汁がセットになるのが街の洋食屋であることを物語っている。

中央に向かって楕円を描くオムライスには、オレンジ色のチキンライスがみっちり詰まっていた。

夫が注文したハンバーグとエビフライのセットも見目麗しい。

デミグラスソースがかかったハンバーグのそばに、まるでシャチホコのようにそそりたつ2本のエビフライ。黄身色の自家製タルタルソースが食欲を誘う。バゲットはきちんとこんがり、ロールパンも温めて提供される心くばり。四角いバターが出てくるのも洋食屋らしさを感じる。

ハンバーグは意外にも黒こしょうがピリリと効いた大人の味。

エビフライはサックサクで、とろりとした食感のタルタルソースがあとをひく美味しさだ。

洋食屋だからこそ食べられるメニューを永遠に追い続けたい。憧れと懐かしさの味わい。

白鳥のようなプリンアラモード ――喫茶 ニット

「お待たせしました、プリンアラモードです」

運ばれてきたうつわを見て思わずため息がもれた。

プリンアラモードのうつわは、誰がどんな風に開発したのだろう。夢をのせた豪華客船のような、お子様ランチのデザート版のような。とにかく、ごちそうであることは間違いない。

ここ数か月は、どうしてもやりたいことがいくつかあった。始め方もわからなかったものの、重い腰を上げ、まわりの励ましを受けながらダメもとで進めた。起きている時間は常に何か考え続けていたせいで、ついに息切れを起こした。いつもなら前のめりになれる新しいことも、一旦休みたいと思ってしまう。常にコップには水が溢れかえっていて収拾がつかない。

思い切って、今日は全部休み、映画館へ行こう。その前に喫茶店にも行っちゃおう。

錦糸町の喫茶店といえば、まず名前が挙がる有名な「喫茶 ニット」。

店名の由来はもともとニットの工場だったという。昭和41（1966）年から喫茶店としての営業を始めたと、テレビで紹介されていた。

ようやく座れた席では、隣でカップルが駆け引きの会話を続けていて、先行きが気になって仕方ない。どちらが駒を先に進めるか。

店内はほの明るく、BGMも控えめでひとりで過ごす人も多い。窓際の席も気持ちよさそうだ。ほぼ満席だけど、どこか落ち着いた空気が漂っている。

ニットといえばホットケーキだけれど、ちょうどオーダーが続いたタイミングだったようで、1時間以上かかるとのこと。それならばとプリンアラモードを選んだ。

まるで白鳥のようで優雅なプリンアラモードが登場した。

自家製のプリンはほんのり甘く、カラメルがアクセントに……いや、プリンが見えないくらい、器にはフルーツがこんもり盛られている。プリンにバニラアイス、リンゴにバナナ、桃、みかん、パイナップル、さくらんぼに生クリーム。けっこうなボリュームだ。

帰り際、会計カウンターの壁が埋もれるくらいサイン色紙が飾ってあるのが目に入った。わたしは単独ライブへ通うほどファンなので、店員さんへこう言った。

「阿佐ヶ谷姉妹も来たんですね」

「『深イイ話』のロケで、伊東四朗さんとご一緒にここで撮影されたんですよ。テレビで観たままの印象で、とても素敵な方でした」

そのことばで、記憶がよみがえってきた。伊東四朗が喫茶店のマスターになりすまし、阿佐ヶ谷姉妹にドッキリをしかける。伊東さんの熱列なファンである江里子さんが感激のあまり、とめどなく涙を流すのだ。

空いていた時間というのもあって、店員さんは思い出し涙が出そうなわたしをにこやかに受け入れてくれた。

テーブルでは、生姜焼きを食べるおばあちゃん。目の前に置かれた分厚いホットケーキを写真に収めるニット帽の女の子。

喫茶店ブームだから混んでいるというだけではない温かさがあるから、これだけ幅広い層が集まっているのだろう。

さて、そろそろ楽天地へ行こうか。

ワイドショーとカフェラテ ――喫茶マウンテン

錦糸町には何度も来ているはずなのに。

大型商業施設が駅のまわりを包囲し、以前の街らしさが失われかけたように見えていたけれど、目を凝らせばまだあちこちにあった。

駅前のレコードショップでは大音量で演歌が流れているし、駅から少しでも離れれば、錦糸町らしい猥雑な雰囲気もきちんと残っている。

駅の北口からバスロータリーを挟んで斜め向かいにあるのが「喫茶マウンテン」。蔦の絡まる2階建ての小さな建物の壁には、ピンバッジにしたいビジュアルの山型ロゴに「MOUNTAIN」の文字。黄色いプラスチックの板に書かれた「モーニングサービスタイム」。グラフィックなロゴデザインが効いた窓。そして、タイルもロゴの山と合わせたようなグリーンがいい。こういう釉薬でグラデーションになっているタイルは、どうやって貼っているのだろう。隣り合う色を確認しながら貼っているのか、それとも職人の勘なのだろうか。いつかタイル屋さんに聞いてみたい。

喫茶マウンテンは安心の分煙制。喫茶店めぐりは好きだけど、タバコのけむりがどうしても苦手な人も分煙なら安心だ。

セーター（ここはあえて「ニット」ではなくセーターと書きたい）を着た年配のマスターがカウンターに座り、おそらく娘さんらしき女性がメインで店を切り盛りしているようう。

窓際のテーブルを照らすのはシェルランプ。まるでシャボン玉のような丸み。夕方になれば明かりのゆらぎがきれいにでそう。

人気のフルーツサンドはすでに完売と聞き、カフェオレを。ミルクたっぷりのほっとする味わいだ。

明日の取材の緊張をほぐすよう、本を開く。今日は、平松洋子『食べる私』を。登山家と宇宙飛行士、タレントなどさまざまな人に「食べること」について聞いたインタビュー集。高山と宇宙船の中で人気の食べものはわさびだったという。

最近は目的地をきっかりと決めずに、ふらっと自分の足で探す時間を大切にしている。誰かが行った情報は頼りになるけれど、知らないで見つけた時の驚きをなくしたくないから。特に喫茶店は、あのメニューが美味しいなどよりも、その店が好きな雰囲気かどうかが大事。

そうすると、自分の直感に頼るしかない。

ここはというと、想像をかるく上回る、居心地のよさ。なんと創業50年以上だとか。テレビの騒々しさは得意ではないけれど、ここではテレビが店員さんと常連さんのコミュニケーションの手段になっているところがいい。しょうもないワイドショーは雑音にしかならないけれど、たまには誰かとああだこうだ言うのも楽しいのだ。

おばあちゃんと孫がつなぐ味 ―― 菜来軒

「皿洗いを手伝ったら、人生変わっちゃった」

そう笑って話すのは、笑顔があどけない男の子。はじめて来たわたしのカメラに興味津々の様子だ。

「5年間は見習いの期間を過ごすとして。その頃、ばあちゃんは80歳。さすがに今のように店へ立つのも難しいかもしれないなって」

ひょろりと高い身長、金髪にピアス。こう書くと、一瞬怖そうに感じるかもしれないけれど、店へ入った瞬間から人あたりのいい柔らかな雰囲気が伝わってきた。

小遣い欲しさに、おばあちゃんが営む中華屋さんの手伝いに来たら、なんだか後を継ぐことになっちゃって、と話す。

「自分が学生のときは5年後のことなんて考えただろうか?」

……ハイ、何も考えていませんでした。

元気なおばあちゃんは、大きな中華鍋を振ってあれよあれよとおいしいメニューを生み出す。

墨田区石原にある、町中華の名店「菜来軒《さいらいけん》」の店先では赤い暖簾が夜の暗闇に輝く。中華屋らしい、赤いカウンターテーブル。奥には小上がりの席があり、そこに飾られているどでかいウミガメの標本は、まるで店の守り神のようだ。どこか実家に帰ってきたような感覚になるのは、小上がりの奥に冷蔵庫があるからだろうか。

それにしてもメニューが多い。ラーメンに続き、ずらっと並ぶ品々。オーダーしてからずっとメニューを読んで想像する時間がたのしい。

テレビで紹介されたという五目チャーハンも気になりつつ、まずはビールから。

スカイツリーが眺められる押上の銭湯、大黒湯から徒歩15分ほどの菜来軒。銭湯帰りのからだにビールがしみる。

今回はニラレバ定食を。ゆうに想像を上回る、堂々たる大きさのレバーに目がまんまるになった。しっとり、やわらかく、くさみも全くない。野菜はシャキシャキで、ごはんのすすむ味。一見こってりしてそうだけれど、意外とあっさりと優しい味なのがうれしい。

野菜たっぷりの焼き餃子、それに細切り肉そばもしっかりボリュームがありつつ、とろっと餡がかかった肉と野菜のまろやかなうまみがたまらない。

そうこう食べ進める間も、おばあちゃんは孫に穏やかに伝える。

「野菜とってきて」

「皿洗いすすめて」

ほのぼのとしたやりとりを眺めていると、あたかも親戚の家にいるかのようだ。

「こないだ加計呂麻島《かけろまじま》（奄美群島の島）に帰ってきたんだよ。たんかん持っていってね」と、お土産までくれた。海がすごく綺麗だからいつか行ってねと。

壁の張り紙には、お客さんが書いたと思われる「菜来軒を長く続けてほしい委員会」とあった。

料理もピカイチ、それになんといっても温かな人柄がいい。ああ、帰りたくなる店がまたひとつ増えちゃった。

食べながら、おばあちゃんとお手伝いのお孫さんとの世間話がつづく。

いろんなスタイルのお店があるけれど、こんな風に人となりが滲み出る店に突然出会えるから、街歩きはやめられない。

スカイツリーの真下で、焼き鳥を

——もつ焼 稲垣

居酒屋の醍醐味は、ぎゅっと狭いカウンター席にある。

席の間隔が狭いほど、コミュニケーションが必要になってくるのがたのしい。「すみません」と声をかけて、ぎゅうぎゅうの中に入れてもらったり、隣の人の食べものが美味しそうに見えて「それ、なんですか?」とつい話しかけてみたり。たまたま隣に座ったのがはじまり、という偶然の出会いから結婚した知人がいて、わからなくもないないなと思う。

たとえ他人同士でも、その場にいる人たちと楽しもうという姿勢の人が多く、人見知りしがちなわたしもなんだか隣の人と話したくなる。

知らない人とほんの少し言葉を交わし合う、それだけで「今日は楽しかった」なんて思える、居酒屋マジック。お酒が強くないわたしでも、そんなコミュニケーションが好きで、店の扉をガラリと開ける。

「もつ焼 稲垣」は、昭和32(1957)年創業で、本所吾妻橋に本店、そしてスカイツリーの真下、押上にも支店がある。

今日はカウンター席へすわり、メニューを熟読する。串物の単位が種類によっては4本からなので、2人で行く場合は厳選して頼まないといけない。

さんざん悩んで注文した後、隣の人にこう言われた。

「稲バーグと稲グラタン、ここの名物なんです! すごくおいしいですよ」

焼き鳥などのいわゆる居酒屋メニューだけでなく、ちょっとだけ洋食メニューがあるのがいい。

では、さっそくビールで乾杯。

ぷっくりしたつくねにはとろりと光る秘伝のタレが。口に入れればふわっふわの食感。そういえば子どもの頃に通っていたプール教室の帰りには、焼き鳥屋の店先で毎回つくねを買って食べていたっけ。あの味を彷彿とさせるふわふわなつくね。

鳥皮もたまらない。この甘じょっぱいタレをおかずに大盛りのごはんが食べたい。

新鮮なお刺身の盛り合わせに、もつ煮込み、レバーの塩焼きで、あっという間におなかいっぱいに。

それにしても、カウンター席というのは罪深い。

作っているところを見ていたら、「え！　あれも食べたい」なんて、永遠に欲求と戦わなくてはいけない。

次は計画的に、おすすめされたメニューとしめの焼きおにぎりまできちんと食べよう。

昭和歌謡と手作りハンバーグ ――チロル

都営新宿線の菊川駅に降りたのははじめてかもしれない。

ホームから地上に続くまで、壁のタイル使いに目が奪われた。ホームのある階では深海を思わせる濃いブルーのタイルが壁面を彩り、階段を上り地上へ向かう出口のあたりでは淡い水色のタイルが使われていた。

駅近くの映画館「Stranger」でやっていたゴダール特集を観にきたのだ。「この作品どう終わるんだろう」とやきもきしていたら、唐突に幕が降りた。「ここで終わり?」と突き放されたにもかかわらず、なんだか既視感があったのは、そのラストシーンがポスターのメインビジュアルとして使われていたからだ。あの主人公のラストはなんだか不遇だ。人生ってそんなもんか。いつ終わるかなんて誰にもわからない。終わってほしいときには終わらないし。

ゴダールは難解だと言われるけれど、そう言われるほど映画を観ない人のハードルが上がり、少しもったいなく思う。

はなから理解を目的にしていないわたしは、目の前で繰り広げられる物語をただ観る。終わりに意味を持たせるのが、広く言えば物語の一般常識だろうけれど、こういう作品に出会うたび、終わりそのものには大きな意味なんてないのかもしれないと思わされる。理解が追いついていないだけかもしれないけれど、物語に対して「わからなくてもいい」と肯定できるようになったのはいつ頃からだろうか。若い頃はいつも意味ばかり求めていたような気がする。


映画館を出て歩くと、「チロル」という名の喫茶店が目に止まった。

お昼のピークタイムを過ぎ、静かな店内で窓際のテーブル席に腰掛けた。

耳を澄ますと、ほのかな音量で昭和の歌謡曲が流れている。「いつでも夢を」とか、そういった昭和の歌謡曲や唱歌。耳をそばだてないと聞こえないくらいのかすかな音量。それがなんだか心地いい。無音はさみしいけれど、大きな音は会話の邪魔にもなるし、お客さんが落ち着けないからなのだろうか。

注文した自家製のハンバーグはこぶし大くらいの大きさで、濃い茶色のデミグラスソースにとろりと包まれている。ドレッシングのかかった千切りキャベツにトマト、きゅうり、さらに卵焼きが添えられている。木のお椀に入った味噌汁とお漬物、それにごま塩のかかった白いごはんに小梅。

花束のように折られたナプキンから割り箸を出し、ハンバーグを箸で切り分けて食べる。手作りらしく、ふんわりと丸められたハンバーグはやわらかめの食感で、どこか懐かしい味わい。

乳白色のうつわに盛られたデミグラスソースが、太陽の陽射しを浴びてまばゆく光り、食欲をそそる。

残暑のきつい日差しも、冷房の効いた部屋に入ってしまえば、心地いい温もりになる。まんぷくになったからだにまるで肌触りのいいブランケットをかけられたかのようで、うとうとと微睡んでしまった。

ねこと揚げワンタン

——中華料理　楽楽

初対面の人に「好きな店教えてください」と聞き回ったのは、二度目の文学フリマでのことだった。そんなことを突然聞かれると思っていないお客さんは、おおよそみんな驚きながら、「あるけど思いつかない」と戸惑っていた。

はじめて会う人にするのは「はい・いいえ」の2択で答えられるような質問をしなさいと、どこかの本で読んだ気がする。でも、こんなに初対面の人と話せる機会もそうそうないので、この日ばかりは質問魔になる。

わたしは誰かの好きなものの話を聞くとうれしくなるのだ。

質問されたお客さんのなかで、瞬時にスマホのカメラロールをスクロールし、「そういえば最近行ったあの店が……」と答えてくれる人も多く、今回の店はそれがきっかけだった。

「ねこのいる町中華があるんですよ」

耳を疑った。前のめりになって「絶対行きます」と伝えた。

楽楽《らくらく》。まず、言葉の響きがいい。

便利グッズのキャッチコピーで「こんなに高いところもラクラク届く！」とか、はたまた求人広告で「駅チカで通勤ラクラク！」とか、ポジティブなイメージを想起させる。でもなんとなく、カタカナのラクラクには信用できなさがある気がするのはわたしだけだろうか。それにひきかえ、漢字の「楽楽」は中華屋っぽさが引き立っていて信頼がおける。

店は高橋のらくろードという商店街を抜けたところにあり、清澄白河エリアからも歩いていける。

商店街は見どころが多い。あちこちに手描きののらくろが顔を出していたり、昔ながらのゲーム機もあった。それに加えて地面のタイルも見逃せない。ひょっとこ柄のタイルなんてあるんだ！　と興奮するわたしを華麗にスルーする夫。

目的地として遊びに来るようなエリアではなく、住民のための街であり、個人経営の飲食店が多く並んでいる。地元の人が集う喫茶店から洋食屋、イタリアンなどバリエーション豊富だ。

アーケードを抜けて道なりに進むと、真っ赤な看板が見えてくる。それが楽楽だ。

自動ドアが開いて中に入ると、目の前の円卓に座るお客さんの膝の上に茶色のねこがでーんと寝そべっている。「おう、よく来たな」と言っているかのような貫禄に圧倒されながら席に着いた。

奥には座敷もあり、町内会の集まりに使われていそうでどこか実家の居間のようでもある。

おつまみとドリンクを注文し、出来上がりを待っていると、白っぽいねこがすっと近寄ってきたのと同時に夫の膝に乗った。テーブルの上に顔を出し、今夜の宴の参加者かのようにふるまう。あたかも「ずっと前から乗っていましたけど、なにか？」とでも言いたげな表情で。ねこを見ると興奮してソワソワするわたしは目の前の光景に我慢ならず、うらめしくこう言った。

「わたしの方がねこ好きなのに、動物に興味を持たない人間を選ぶとは……」

こちらの思惑にはけして乗らない、そんなねこの気まぐれさが好きだから仕方がない。ねこの立場になってみれば、そわそわしてる人間って落ち着きがなくて嫌だろう。

夫は膝に猫がいてもいなくても表情を変えず、撫でもせずにおつまみが出てくるのを待っている。ねこはわたしと視線を合わそうとはしないが、カメラを向けても特に嫌がりはしない。さすがの看板猫だ。

中華屋のおばあちゃんは猫の名を教えてくれた。

「茶色いのがマロン、白いのがコロンって言うの。たまに噛むから気をつけてね」

そう伝えると、笑みを浮かべながら行ってしまった。

注文したメニューが出てきて、夫が椅子を動かして食べようとすると、サッと膝から降り、今度はこちらの隣の椅子に飛び乗ってゴロンと丸くなった。よくもこう、器用に背中を丸められるなあと感心するくらい、かたつむりのようなフォルム。手足だけピンと伸ばして眠っているのが愛らしい。

テーブルには瓶ビールとコーラ、そして揚げワンタン、餃子、五目チャーハンが揃った。

まずは揚げワンタン。

ひき肉のタネをワンタンの皮でくるんと包んで濃いめの黄金色になるまで揚げ、甘酢だれをかけた一品。パリパリした食感が好きな人にはたまらない。皮が大きくパリッとした部分、たれの水分を吸ってやわらかくなった部分と、それぞれの食感を楽しめる。ハーフサイズの5個でじゅうぶんだと思ったものの、全然足りずに追加し、すぐに平らげた。ここの揚げワンタンなら、何個でも食べられます。

きれいな三日月型の餃子は、ぎゅっと餡が詰まっていてしっかりとボリュームがありつつも、やさしい味わい。五目炒飯はお玉でふんわりときれいな半円球型に。錦糸卵とつややかな大ぶりの海老が炒飯のてっぺんを彩る。ふたりだとあっという間にお腹いっぱいになるのがくやしい限り。

ねこはといえば、奥の方でごはんを食べているかと思えば、まるでファッションショーでモデルがウォーキングするかのように、お客さんの視線を一斉に浴びながらのしのしと真っ赤な通路を歩くファンサービスも欠かさない。外に出たい場合は無言で自動ドアの前に立ち、その意思に気づいた近くのお客さんが開けてあげる。

しばらくの間、表に出て、完全なるまねきねことして店先に立って街の様子を眺めている。いなくなったな、と思えばどこかから入ってきている。

きゃあきゃあとわかりやすい愛嬌を振る舞うわけではないけれど、きっとねこもわかっているはずだ。自分も大事な店員のひとり（いっぴき）だということを。

手羽先の唐揚げとレモンサワー　――そば處　幅田屋

蕎麦屋でのちょい飲みに憧れていた。

蛍が光に引き寄せられるかのように導かれたのは「そば處　幅田屋《はばたや》」だ。

外観はモダンな装いだけれども、内観は町蕎麦の王道をゆく。右手に小上がりの座敷、左手はテーブル席で奥には調理場があり、左上にはテレビがある。

蕎麦屋にあってほしいメニューはひととおり揃っている。わたしが選ぶのは、たいてい、ごまだれせいろとミニカツ丼のセットだ。こくのあるごま味噌のとろりとしたつゆに、細めの白いそばがよく絡む。かつ丼も食べたいのならシンプルにせいろにすればいいものを、贅沢に贅沢をかけあわせたセットまで揃えているのが、幅田屋の好きなところだ。

昼間ならこのセットでほぼ確定だけれど、夜に一杯やっておつまみをたいらげたのち、そばで締めるのもいつかやってみたかったのだ。

レモンのくし切りをかちかちに凍らせ、氷代わりにしたレモンサワーを注文した。冷凍庫できんきんに冷やされたジョッキは、まるでサンドブラストのグラスのように淡い半透明の白い膜で覆われている。

おつまみにいただくのは、手羽先の唐揚げ。黄金色に艶めく甘辛だれは自家製で、醬油ベースのあとをひくおいしさだ。なんでも隅田川花火大会の日は1日に1000本売れるとのこと。たしかにお酒のすすむ味だ。

だし巻き卵とお蕎麦をいただき、帰りたくなくならないよう、ささっと食べ終えた。

するととつぜん、どこかのテーブルから聞こえた。

「亭主元気で留守がいい！」

「ほんとにそう」と目を輝かせてしまった。

でもたぶん、目の前にいる夫も、「妻も元気であれば、断然留守がいい」と思っているに違いない。

藍色ののれんとクリームソーダ ── ミルクホール モカ

ガラリと扉を開けると、なんだかおばあちゃんちに帰ってきた気がした。たまに地方へ行った時に見かける、民家をそのままカフェにしたような雰囲気。

「モカ」は、荒川と隅田川にはさまれたところにある。尾竹橋と西新井橋の近くで、ちょっと変わった地形にポツンと佇んでいる。北千住駅から歩くと20分ほどかかるが、離れているからこそ静かに過ごせる立地だ。

袖看板には「ミルクホール」とある。ミルクホールとは、牛乳や珈琲、パンなどを提供する軽食屋のことを指すという。「珈琲モカ」と書かれた文字は日焼けてパステルカラーになっていることからも、店の長い歴史を感じさせる。

西日に照らされた白い暖簾は、墨で書かれた「モカ」の字が薄くなっているものの、シンプルでどこかスタイリッシュに見え、若者が古民家を使ってリノベーションしたカフェのようにも見える。

暖簾のかかった喫茶店はめずらしい。洋と和の融合がかえって現代的でもある。ピンク色のテーブルにソファ席。その奥にはゲーム機のテーブルも。どことなく蕎麦屋のよう。ピンクのテーブルにグリーンのコースターが映える。コーヒーや軽食の他にも、パインジュースがあるのもいい。

暑かったのでクリームソーダを注文した。喋りながら写真を撮っていたら、いつのまにかアイスが溶け、いまにもこぼれそうなシュワシュワの泡になっていた。

背の高いマスターに、店はどれくらい続いているのかと聞いた。

「もう半世紀くらい」

黄色いエプロンには、胸元に「いらっしゃいませ」の文字が光っている。

「ここ以外で働いたことがないから」と優しい表情をうかべたマスターは、お客さんとのおしゃべりが大好きなようで、気づけば1時間くらい話を聞いていた。

昔はフィルムカメラが好きで、よく撮りに行っていたこと。夜景も撮っていたけれど、いい写真が撮れたと思えるのはたった1枚だけと話す。日帰りでスキーへ行き、寝ずに店へ立った日もあった。

「切り取り方のセンスがいいんですよ。僕にはこう撮れない」

常連さんが撮った100枚近くある写真をこっそりと見せてくれた。

「『コーヒーにミルクを落とした瞬間が絵みたいでおもしろい』って言って、何枚も撮ってたんです」

焦げ茶色のキャンバスに落とされた白い線は、まるで和室に飾られた掛け軸のようだ。

「知り合いが来たときは、夜中の1時半まで開けてました」

下町の喫茶店は夕方ごろに閉まる店が多い中、こんなところに夜の癒しスポットがあったとは。

起きている時間のほとんどは、店で過ごす時間。それが当たり前になっているから、お客さんが来なくても早く閉めようとは思わない。空いた時間で、なにをしたらいいかわからなくなるから。

自営業を営む人は、オンとオフの境界があいまいになる。

だからこそ心穏やかに、自分の軸で暮らしている平常心みたいなものが、まぶしく見えた。

あつあつの鉄板ナポリタン ——純喫茶マリーナ

いちごジュースで満足するはずだったのに。

早起きし、満開の桜を見に隅田川沿いを歩いた。朝のほんの少しの時間で戻る予定が、あちこちの桜を愛でていたら2時間をとうに過ぎていた。気になっていた喫茶店がこの近くだったのを思い出し、休憩がてら向島へ向かった。

浅草から隅田川にかかる黄色い橋、桜橋を渡る。最近ではヴィム・ヴェンダース監督の『PERFECT DAYS』で、主人公が姪っ子と一緒に自転車を走らせるシーンでも使われていた。

橋を渡り、堤防を降りて少し歩く。

すると、どこからともなく三味線を弾く音が聞こえる。どうやら近くの建物で芸者さんが練習しているようだ。

その向かいにあるのが「純喫茶マリーナ」だった。

赤・青のストライプに白色で「マリーナ」のロゴが入ったトリコロールカラーの装飾テント。立て看板は、オレンジの背景色に青文字でロゴが輝く。緩急つけたフォントはどこか「ひょっこりひょうたん島」のロゴのようで懐かしい。

窓にはレースのカーテン。

店の中はまさに船上だ。

ミルクとチョコのような配色がアクセントの、クッション性のいいソファ。船の操縦室の眺めのような壁には、海を思わせる青い壁紙が貼られ、中央には船のハンドルが飾られている。ハンドルは「舵輪《だりん》」と呼ぶそうだ。

「WELCOME CAFE MARINA」と店名が書かれたステンドグラスもどこかほのぼのとしたゆるやかさがある。古くから飾られていたものだと思っていたけれど、後方に描かれているスカイツリーを見ると、比較的最近のものだろうか。

マガジンラックもいい並び。『美味しんぼ』に『ちびまる子ちゃん』。喫茶店系のムック本にまぎれてＮＴＴの黄色い電話帳があるのもなんだかいい。

まるでこの店は、遊覧船のよう。

航海中のように揺れてはいないけれど、常連さんがのんびり新聞を読む姿を見ていると、同じ船に乗った乗客のようにも思えてくる。

昔ながらの喫茶店の定番メニュー、生ジュース。ここのいちごジュースは、牛乳たっぷりのいちごミルク。ミキサーで攪拌する音も愛おしく感じる。春の味覚・いちごジュースを片手に妄想旅行をしていたら、キッチンからじゅわーっと食欲をそそる音が聞こえてきた。

「もう昼ごはん食べていいですか？」と心の中で自分に聞き、次の瞬間にはナポリタンが目の前に到着していた。

太麵のナポリタンは熱々の鉄板焼き。ハムとピーマンと玉ねぎが入り、ほんのりトマトソースの酸味を感じる鉄板ナポリタンだ。熱でところどころおこげができた麵が香ばしく、食欲をそそる。

「美味しかったです」

「ありがとう」

店員さんの高らかで上品な声質は、どんな人でも目尻が下がってしまう温もりを感じた。

（閉店）

まるでホームドラマ――喫茶フローラ

「あなたの顔を見に来ただけよ」

そんな言葉をサラリと言って、さっそうと帰る粋なお客さんがいた。

そう伝えたくなるのも無理はない。

スカイツリーのある押上駅のとなり、本所吾妻橋にある「フローラ」は、40年以上続く喫茶店だ。たったひとりで切り盛りするサチコさんは、下町のアイドルと言っても過言でない。近所の人はもちろん、遠く離れた日本のあちこちからも、誰かが毎日サチコさんに会いに来る。

その昔、テレビドラマで流れていたような、いわゆる下町らしい光景は浅草ではほとんど見られなくなった。増え過ぎた観光客と、それを加速させるような行き過ぎた観光地化で、日本全国どこへ行っても同じようなチェーン店が乱立し、その街らしさが均一化のコーティングを施されたように思えてならない。

もちろん、歴史ある店はそれぞれ趣があって、そのままの佇まいを残しているところも多くあるけれど、がらりと変わりゆく街の変化に、自分だけが取り残されているような気になることも多い。

だが、はじめてフローラの扉を開けた時、まるで昭和のドラマの世界に潜り込んでしまったかのように思えたのだ。

奥行きのある店内に、常連さんがそれぞれ座っている。4人掛けのテーブルに、ひとり、ふたりと、ぽつぽつ座っていて、見たところ満席だった。

「しかたない、帰るか」と思った瞬間、その場にいたお客さんが一斉にそれぞれ席を移動し始め迎え入れてくれたのだ。ひとりならまだしも、ほぼ全員大移動したところで、みんなが顔見知りだということに気がついた。

フォトジェニックなアーチ型の窓に、つやつやの美しい銅板の壁。手描きの文字がなんとも温かなメニュー看板。厚さ10センチもある木のブロックがいちめんに埋め込まれている床は、立ち仕事の足にも優しく作られている。表面はお客さんが何度も行き来して生まれた艶がまばゆい。天井の板が斜めに貼られているのは、店が広く見えるよう視差効果を狙っているそうだ。

　創業当時、一脚4万円だったセミオーダーのチェアは座面が長く作られていて、長時間座っていても疲れにくい仕様に。背当ての縦縞模様がどこかスフィンクスを連想させる。美的センスに秀でたサチコさんのお母さんは、描いた絵や自分で選んだ花器をお店に飾った。そのお母さんの意見が内装に多分に反映されているのだという。

「こっちから撮ったら？」

　はじめて来たわたしを、サチコさんがカウンターへ手まねきする。

　気づけば常連さんの輪に入り、いろんな人の話を聞いた。

　時計を見ると、店に来てからゆうに4時間経っていて、おかわりのドリンクもとうに飲み干していた。こんなにも温かく迎えてくれる喫茶店にはそうそう出会えない。

　サチコさんの話には店への愛が溢れ出ていた。夢中で聞いていると、気づけば窓の外は真っ暗になっている。

　帰るときには外に出て道案内までしてくれた。

「いちばん近い駅は向こうよ。気をつけて帰ってね」

　遠い親戚なのかもしれない、と錯覚するほどの温もりを惜しみなく与える姿。

この数年で、若いお客さんが一気に増えたそうだ。なんども訪れる人からは「東京のお母さん」とよばれることもあるという。

それは、毎日のように通う常連さんや、わざわざ日本全国あちこちから訪れる人どちらも分け隔てなく接し、ひとりひとりのお客さんを大切にしているからなのだろう。

あとがき

「本を作りませんか？」と、書肆侃侃房の池田さんからメールをいただいたのは、昨年6月のこと。かねてから書籍化はやりたいことのひとつだったので、飛び上がるほど嬉しいのと同時に、まるで実感が湧かないまま、このあとがきを書いています。

最初にお話をいただいたときからどうまとめるか、どんなふうに書けばいいのかと悩み、しばらく正面から向き合えない時期もありました。エッセイを書くことから離れていたため、自分の目線を主軸にして実際に見たものを綴ることへの気はずかしさや覚悟のようなものをひとりで考え込んでは、ああでもないと試行錯誤の日々を送りました。

けれどもそんなわたしをさらりと救ってくれたのは、やはり素敵な店の数々でした。お店のことを書いた過去の文章を読めば、そのときのことがありありと浮かび、心の糧となりました。それと同時におなかもぐうぐうと鳴り、そのまま紹介したお店へごはんを食べに出かけることもあったりして、そうこうしているうちに、ぶれぶれだった軸が少しずつ固まったように思います。

いつまで経っても上手には書けないけれど、気負わず、感じたまま書こう。そうして生まれたのが『午後のコーヒー、夕暮れの町中華』でした。

街へ出ればあれこれ気になって寄り道ばかり。しじゅうそんな調子ですから、とにかくまとめる作業が苦手です。今ではほとんど更新していない、2017年にはじめたブログ「かもめと街」も800記事を超えていて、この本に収録するにはどんな構成がいいのかと、ひじょうに迷いました。最終的には2023年に私家版で発行した『いつかなくなるまちの風景』に大幅な加筆修正を加え、さらに書き下ろしを進める形となりました。

この本に記されているのは2017年から2025年までの記憶です。今のお店の状況と異なる部分もあるかと思いますが、そのときの記憶を残したいという趣旨のため、ご了承いただければ幸いです。

あれもしたい、これもしたいと、気づけばいつも自分の体験したことのないことばかりに手をつけてしまう性分で、日記のＺＩＮＥを見よう見まねで作ってみたり、誘ってもらったからと展示やイベントに出てみたり、はたまた自分の好きな作家さんやアーティストの方にお願いしてエッセイのアンソロジーを作ってみたりと、ぼろぼろになりながらも、ただそのときやりたいことに正直に進んでいます。これらすべて、ブログを始めた頃からは想像し得なかったことです。その経験から、自分自身が数年でこんなに変わるのだから、街や店だって、当たり前に変わってゆくものだと、ようやく腑に落ちたような気がします。

これまでのわたしは、「今この瞬間はもう戻らない」と思うと、楽しいひときでも常に切なさや虚しさを抱えていました。それが次第に今この瞬間を大切にしようと思えるようになったのです。

街も人も、店も変わりゆく。
それは変えようのないことです。

でも、変わらないものもたくさんあって。

お店の佇まいだったり、そこで働く人の矜持であったり。


いつかなくなってしまったとしても、そこにあったことを自分なりにどんな形でも残しておきたい。それはいつかまた、つまづいたときの人生の指針になり、守ってくれる場所にもなるはず。

きっとこれからもわたしは、そんな瞬間を残して、誰かに届ける活動を続けるのだと思います。


本書のきっかけを作り、最後まで伴走してくださった書肆侃侃房の池田雪さん、素敵な装丁に仕上げてくださったアルビレオの西村真紀子さん、どこか不思議でかわいい装画を描き下ろしてくださったスーシーグリーンさん、本当にありがとうございます。

これまで出会ってくださった読者の皆さま、ＺＩＮＥをお取り扱いくださった書店の方々、今までお仕事をご一緒した方々にも感謝申し上げます。そして、日々支えてくれている夫や友人、仲間にもこの場を借りて御礼申し上げます。

なにより、素晴らしいお店を続けていらっしゃる店主の皆さまへ最大限の感謝をお送りいたします。

最後になりましたが、この本を片手に、あなた自身の街歩きを楽しんでいただけたら、こんなにうれしいことはありません。

いつか出会うことがあれば、ぜひあなたの大切な店の話を聞かせてください。

2025年3月

桜の咲く頃に

安澤千尋

初出　本書は個人ブログ「かもめと街」、私家版『いつかなくなるまちの風景』（２０２３年）、

『かもめと街歩きZINE vol.1』（２０２０年）に大幅な加筆修正を加え、
書き下ろしを追加し、書籍化するものです。

「珈琲ショパン」「COFFEESHOP ギャラン」

『ダ・ヴィンチ』２０２３年３月号　KADOKAWA

著者プロフィール

安澤千尋　やすざわ・ちひろ

1981年生まれ。浅草出身の街歩きエッセイスト。
2017年より個人ブログ『かもめと街』を始める。
『決めない散歩』『いつかなくなるまちの風景』
『たらふく』などの日記やエッセイ、
アンソロジーなど多岐にわたるZINEを発行。
近年では青土社「ユリイカ」、講談社「群像」への寄稿などで活動し、
本書が初の商業出版となる。

午後のコーヒー、夕暮れの町中華

2025年5月13日　第1刷発行

著　者　安澤千尋
発行者　池田雪
発行所　株式会社 書肆侃侃房（しょしかんかんぼう）
〒810-0041 福岡市中央区大名2-8-18-501
TEL 092-735-2802　FAX 092-735-2792
http://www.kankanbou.com
info@kankanbou.com

編　集：池田雪
DTP：黒木留実
印刷・製本：シナノ印刷株式会社

ISBN978-4-86385-672-1 C0095